Gottfried Benn

# Gehirne

Novellen

Textkritisch herausgegeben
von Jürgen Fackert

W0278803

Philipp Reclam jun. Stuttgart

RECLAMS UNIVERSAL-BIBLIOTHEK Nr. 9750
Alle Rechte vorbehalten
© für diese Ausgabe 1974 Philipp Reclam jun. GmbH & Co., Stuttgart
Lizenzausgabe mit Genehmigung der J. G. Cotta'schen Buchhandlung Nachfolger GmbH, Stuttgart
Gesamtherstellung: Reclam, Ditzingen. Printed in Germany 2004
RECLAM, UNIVERSAL-BIBLIOTHEK und RECLAMS UNIVERSAL-BIBLIOTHEK sind eingetragene Marken der Philipp Reclam jun. GmbH & Co., Stuttgart
ISBN 3-15-009750-9

www.reclam.de

# Gehirne

Rönne, ein junger Arzt, der früher viel seziert hatte, fuhr durch Süddeutschland dem Norden zu. Er hatte die letzten Monate tatenlos verbracht; er war zwei Jahre lang an einem pathologischen Institut angestellt gewesen, das bedeutet, es waren ungefähr zweitausend Leichen ohne Besinnen durch seine Hände gegangen, und das hatte ihn in einer merkwürdigen und ungeklärten Weise erschöpft.

Jetzt saß er auf einem Eckplatz und sah in die Fahrt: es geht also durch Weinland, besprach er sich, ziemlich flaches, vorbei an Scharlachfeldern, die rauchen von Mohn. Es ist nicht allzu heiß; ein Blau flutet durch den Himmel, feucht und aufgeweht von Ufern; an Rosen ist jedes Haus gelehnt, und manches ganz versunken. Ich will mir ein Buch kaufen und einen Stift; ich will mir jetzt möglichst vieles aufschreiben, damit nicht alles so herunterfließt. So viele Jahre lebte ich, und alles ist versunken. Als ich anfing, blieb es bei mir? Ich weiß es nicht mehr.

Dann lagen in vielen Tunneln die Augen auf dem Sprung, das Licht wieder aufzufangen; Männer arbeiteten im Heu; Brücken aus Holz, Brücken aus Stein; eine Stadt und ein Wagen über Berge vor ein Haus.

Veranden, Hallen und Remisen, auf der Höhe eines Gebirges, in einen Wald gebaut – hier wollte Rönne den Chefarzt ein paar Wochen vertreten. Das Leben ist so allmächtig, dachte er, diese Hand wird es nicht unterwühlen können, und sah seine Rechte an.

Im Gelände war niemand außer Angestellten und Kranken; die Anstalt lag hoch; Rönne war feierlich zu Mute; umleuchtet von seiner Einsamkeit besprach er mit den Schwestern die dienstlichen Angelegenheiten fern und kühl.

Er überließ ihnen alles zu tun: das Herumdrehen der Hebel, das Befestigen der Lampen, den Antrieb der Motore, mit einem Spiegel dies und jenes zu beleuchten – es tat ihm wohl, die Wissenschaft in eine Reihe von Handgriffen aufgelöst zu sehen, die gröberen eines Schmiedes, die feineren eines Uhrmachers wert. Dann nahm er selber seine Hände, führte sie über die Röntgenröhre, verschob das Quecksilber der Quarzlampe, erweiterte oder verengte einen Spalt, durch den Licht auf einen Rücken fiel, schob einen Trichter in ein Ohr, nahm Watte und ließ sie im Gehörgang liegen und vertiefte sich in die Folgen dieser Verrichtung bei dem Inhaber des Ohrs: wie sich Vorstellungen bildeten von Helfer, Heilung, guter Arzt von allgemeinem Zutrauen und Weltfreude, und wie sich die Entfernung von Flüssigkeiten in das Seelische verwob. Dann kam ein Unfall und er nahm ein Holzbrettchen mit Watte gepolstert, schob es unter den verletzten Finger, wickelte eine Stärkebinde herum und überdachte, wie dieser Finger durch den Sprung über einen Graben oder eine übersehene Wurzel, durch einen Übermut oder einen Leichtsinn, kurz, in wie tiefem Zusammenhange mit dem Lauf und dem Schicksal dieses Lebens er gebrochen schien, während er ihn jetzt versorgen mußte wie einen Fernen und Entlaufenen, und er horchte in die Tiefe, wie in dem Augenblick, wo der Schmerz einsetzte, eine fernere Stimme sich vernehmen ließe.

Es war in der Anstalt üblich, die Aussichtslosen unter Verschleierung dieses Tatbestandes in ihre Familien zu entlassen wegen der Schreibereien und des Schmutzes, den der Tod mit sich bringt. Auf einen solchen trat Rönne zu, besah ihn sich: die künstliche Öffnung auf der Vorderseite, den durchgelegenen Rücken, dazwischen etwas mürbes Fleisch; beglückwünschte ihn zu der gelungenen Kur und sah ihm nach, wie er von dannen trottete. Er wird nun nach Hause gehen, dachte Rönne, die Schmerzen als eine lästige Begleiterscheinung der Genesung empfinden, unter den Begriff der Erneuerung treten, den Sohn anweisen, die Tochter heranbilden, den Bürger hochhalten, die Allgemeinvorstellung des Nachbars auf sich nehmen, bis die Nacht kommt mit dem Blut im Hals. Wer glaubt, daß man mit Worten lügen könne, könnte meinen, daß es hier geschähe. Aber wenn ich mit Worten lügen könnte, wäre ich wohl nicht hier. Überall wohin ich sehe, bedarf es eines Wortes, um zu leben. Hätte ich doch gelogen, als ich zu diesem sagte: Glück auf!

Erschüttert saß er eines Morgens vor seinem Frühstückstisch; er fühlte so tief: der Chefarzt würde verreisen, ein Vertreter würde kommen, in dieser Stunde aus diesem Bette steigen und das Brötchen nehmen: man denkt, man ißt, und das Frühstück arbeitet an einem herum. Trotzdem verrichtete er weiter, was an Fragen und Befehlen zu verrichten war; klopfte mit einem Finger der rechten Hand auf einen der linken, dann stand eine Lunge darunter; trat an Betten: guten Morgen, was macht Ihr Leib? Aber es konnte jetzt hin und wieder vorkommen, daß er durch die Hallen ging, ohne jeden einzelnen ordnungsgemäß zu befragen, sei es nach der Zahl seiner Hustenstöße, sei es nach der Wärme seines Darms. Wenn ich durch die Liegehallen gehe – dies beschäftigte ihn zu tief – in je zwei Augen falle ich, werde wahrgenommen und bedacht. Mit freundlichen und ernsten Gegenständen werde ich verbunden; vielleicht nimmt ein Haus mich auf, in das sie sich sehnen, vielleicht ein Stück Gerbholz, das sie einmal schmeckten. Und ich hatte auch einmal zwei Augen, die liefen rückwärts mit ihren Blicken; jawohl, ich war vorhanden: fraglos und gesammelt. Wo bin ich hingekommen? Wo bin ich? Ein kleines Flattern, ein Verwehn.

Er sann nach, wann es begonnen hätte, aber er wußte es nicht mehr: ich gehe durch eine Straße und sehe ein Haus und erinnere mich eines Schlosses, das ähnlich war in Florenz, aber sie streifen sich nur mit einem Schein und sind erloschen.

Es schwächt mich etwas von oben. Ich habe keinen Halt mehr hinter den Augen. Der Raum wogt so endlos; einst floß er doch auf eine Stelle. Zerfallen ist Rinde, die mich trug.

Oft, wenn er von solchen Gängen in sein Zimmer zurückgekehrt war, drehte er seine Hände hin und her und sah sie an. Und einmal beobachtete eine Schwester, wie er sie beroch oder vielmehr, wie er über sie hinging, als prüfe er ihre Luft, und wie er dann die leicht gebeugten Handflächen, nach oben offen, an den kleinen Fingern zusammenlegte, um sie dann einander zu und ab zu bewegen, als bräche er eine große, weiche Frucht auf oder als böge er etwas auseinander. Sie erzählte es den anderen Schwestern; aber niemand wußte, was es zu bedeuten habe. Bis es sich ereignete, daß in der Anstalt ein größeres Tier geschlachtet wurde. Rönne kam scheinbar zufällig herbei, als der Kopf aufgeschlagen wurde, nahm den Inhalt in die Hände und bog die beiden Hälften auseinander. Da durchfuhr es die Schwester, daß dies die Bewegung gewesen sei, die sie auf dem Gang beobachtet hatte. Aber sie wußte keinen Zusammenhang herzustellen und vergaß es bald.

Rönne aber ging durch die Gärten. Es war Sommer; Otternzungen schaukelten das Himmelsblau, die Rosen blühten, süß geköpft. Er spürte den Drang der Erde: bis vor seine Sohlen, und das Schwellen der Gewalten: nicht mehr durch sein Blut. Vornehmlich aber ging er Wege, die im Schatten lagen und solche mit vielen Bänken; häufig mußte er ruhen vor der Hemmungslosigkeit des Lichtes, und preisgegeben fühlte er sich einem atemlosen Himmel.

Allmählich fing er an, seinen Dienst nur noch unregelmäßig zu versehen; namentlich aber, wenn er sich gesprächsweise zu dem Verwalter oder der Oberin über irgendeinen Gegenstand äußern sollte, wenn er fühlte, jetzt sei es daran, eine Äußerung seinerseits dem in Frage stehenden Gegenstand zukommen zu lassen, brach er förmlich zusammen. Was solle man denn zu einem Geschehen sagen? Geschähe es nicht so, geschähe es ein wenig anders. Leer würde die Stelle nicht bleiben. Er aber möchte nur leise vor sich hinsehn und in seinem Zimmer ruhn.

Wenn er aber lag, lag er nicht wie einer, der erst vor ein paar Wochen gekommen war, von einem See und über die Berge; sondern als wäre er mit der Stelle, auf der sein Leib jetzt lag, emporgewachsen und von den langen Jahren geschwächt; und etwas Steifes und Wächsernes war an ihm lang, wie abgenommen von den Leibern, die sein Umgang gewesen waren.

Auch in der Folgezeit beschäftigte er sich viel mit seinen Händen. Die Schwester, die ihn bediente, liebte ihn sehr; er sprach immer so flehentlich mit ihr, obschon sie nicht recht wußte, um was es ging. Oft fing er etwas höhnisch an: er kenne diese fremden Gebilde, seine Hände hätten sie gehalten. Aber gleich verfiel er wieder: sie lebten in Gesetzen, die nicht von uns seien und ihr Schicksal sei uns so fremd wie das eines Flusses, auf dem wir fahren. Und dann ganz erloschen, den Blick schon in einer Nacht: um zwölf chemische Einheiten handele es sich, die zusammengetreten wären nicht auf sein Geheiß, und die sich trennen würden, ohne ihn zu fragen. Wohin solle man sich dann sagen? Es wehe nur über sie hin.

Er sei keinem Ding mehr gegenüber; er habe keine Macht mehr über den Raum, äußerte er einmal; lag fast ununterbrochen und rührte sich kaum.

Er schloß sein Zimmer hinter sich ab, damit niemand auf ihn einstürmen könne; er wollte öffnen und gefaßt gegenüberstehen.

Anstaltswagen, ordnete er an, möchten auf der Landstraße hin und her fahren; er hatte beobachtet, es tat ihm wohl, Wagenrollen zu hören: das war so fern, das war wie früher, das ging in eine fremde Stadt.

Er lag immer in einer Stellung: steif auf dem Rücken. Er lag auf dem Rücken, in einem langen Stuhl, der Stuhl stand in einem geraden Zimmer, das Zimmer stand im Haus und das Haus auf einem Hügel. Außer ein paar Vögeln war er das höchste Tier. So trug ihn die Erde leise durch den Äther und ohne Erschüttern an allen Sternen vorbei.

Eines Abends ging er hinunter zu den Liegehallen; er blickte die Liegestühle entlang, wie sie alle still unter ihren Decken die Genesung erwarteten; er sah sie an, wie sie dalagen: alle aus Heimaten, aus Schlaf voll Traum, aus Abendheimkehr, aus Gesängen von Vater zu Sohn, zwischen Glück und Tod – er sah die Halle entlang und ging zurück.

Der Chefarzt wurde zurückgerufen; er war ein freundlicher Mann, er sagte, eine seiner Töchter sei erkrankt. Rönne aber sagte: sehen Sie, in diesen meinen Händen hielt ich sie, hundert oder auch tausend Stück; manche waren weich, manche waren hart, alle sehr zerfließlich; Männer, Weiber, mürbe und voll Blut. Nun halte ich immer mein eigenes in meinen Händen und muß immer darnach forschen, was mit mir möglich sei. Wenn die Geburtszange hier ein bißchen tiefer in die Schläfe gedrückt hätte ...? Wenn man mich immer über eine bestimmte Stelle des Kopfes geschlagen hätte ...? Was ist es denn mit den Gehirnen? Ich wollte immer auffliegen wie ein Vogel aus der Schlucht; nun lebe ich außen im Kristall. Aber nun geben Sie mir bitte den Weg frei, ich schwinge wieder – ich war so müde – auf Flügeln geht dieser Gang – mit meinem blauen Anemonenschwert – in Mittagsturz des Lichts – in Trümmern des Südens – in zerfallendem Gewölk – Zerstäubungen der Stirne – Entschweifungen der Schläfe.

## Die Eroberung

Aus der Ohnmacht langer Monate und unaufhörlichen Vertriebenheiten –: Dies Land will ich besetzen, dachte Rönne, und seine Augen rissen den weißen Schein der Straße an sich, befühlten ihn, verglichen ihn mit den Schichten nah am Himmel und mit der Helle der Mauer eines Hauses, und schon verging er vor Glück in den Abend, in die deutliche Verlängerung des Lichtes, in dieses kühle Ende eines Tages, der voll Frühling war.

Die Eroberung ist zu Ende, sagte er sich; es ist fester Fuß gefaßt. Sie tragen ihre Ohnmacht noch in Farben an ihre Hütten, in Schleifen, rot und gelb, und kleinen Fahnen an der Jacke; aber vertrieben werden wir hier zunächst nicht werden. Dagegen alles, was geschieht, geschieht erstmalig. Eine fremde Sprache, alles ist haßerfüllt und kommt zögernd über einen Abgrund her. Hier will ich Schritt für Schritt vorgehen. Wenn irgendwo, muß es mir hier gelingen.

Er schritt aus; schon blühte um ihn die Stadt. Sie wogte auf ihn zu, sie erhob sich von den Hügeln, schlug Brücken über die Inseln, ihre Krone rauschte. Über Plätze, vor Jahrhunderten liegen geblieben und von keinem Fuß berührt, drängten alle Straßen hernieder in ein Tal; es war ein Abstieg in der Stadt, sie ließ sich sinken in die Ebene, sie entsteinte ihr Gemäuer einem Weinberg zu.

Er verhielt auf einem Platz, sank auf eine Mauer, schloß die Augen, spürte mit den Händen durch die Luft wie durch Wasser und drängte: Liebe Stadt, laß Dich doch besetzen! Beheimate mich! Nimm mich auf in die Gemeinschaft! Du wächst nicht auf, Du schwillst oben nicht an, alles das ermüdet so. Du bist so südlich; Deine Kirche betet in den Abend, ihr Stein ist weiß, der Himmel blau. Du irrst so an das Ufer der Ferne, Du wirst Dich erbarmen, schon umschweifst Du mich.

Er fühlte sich gefestigt. Er schwang über die Boulevards; es war ein Wogen hin und her. Er ging beschwingt; die Frauen trug er in seinen Falten wie Staub; die Entthronten; was gab es denn: kleine Höhlen und ein Büschel Erde in der Achsel. Einer Blonden wogte beim Atmen eine Rose hin und her. Die roch nun mit dem Blut der Brust zusammen irgendeinem Manne zu.

Ihr trieb er nach in ein Café. Er setzte sich und atmete tief: ja hier ist die Gemeinschaft. Er sah sich um: Ein Mann versenkte sein Weiches in ein Mädchen; die dachte, es käme von Gott, und strich sich glatt. Der Unterkiefer eines Zurückgebliebenen meisterte mit Hilfe von zwei verwachsenen Händen eine Tasse, die Eltern saßen dabei und verwahrten sich. Auf allen Tischen standen Geräte, welche für den Hunger, welche für den Durst. Ein Herr machte ein Angebot; Treue trat in sein Auge, Weib und Kind verernsteten seine Züge. Einer bewertete sachlich ein Gespräch. Einer kaute eine Landschaft an, der Wände Schmuck. Ja, hier ist das Glück, sagte er sich und blähte seine Nüstern, als versenke er sich, – das tiefe, gedehnte Glück. Nehmt mich auf in die Gemeinschaft!

Schon erhob er die Blicke wie zu seinesgleichen. Seine Augen schweiften wie die des Kauenden. Nicht mehr leugnen ließ sich, daß das Licht auf der Straße sich verdunkelte, und daß tief gebeugt ein Mädchen sang. Klar zutage lagen die Lüste zwischen den Soldaten und den Frauen, und der Kellner gewann an Geltung. Und er fühlte, wie er wuchs und still ward, so kühl umstanden zu sein von lauter Dingen, die geschahen.

Nun wurde er kühner; er entlastete sich auf die Stühle, und siehe – sie standen da. Er verteilte, was er unter der Stirne trug, um der Säulen Samt. Die Marmorplatten wuchsen sich aus, die Klinken traten selbständig hervor. Er schweifte sich innen aus: auf die Borde, auf die Simse häufte er aus allen Höhlen und Falten Last um Last.

Nun hing sogar ein Bild an der Wand: eine Kuh auf einer Weide. Eine Kuh auf einer Weide, dachte er; eine runde braune Kuh, Himmel und ein Feld. Nein, was für ein namenloses Glück aus diesem Bild entstehen kann! Da steht sie nun mit vier Beinen, mit eins, zwei drei, vier Beinen, das läßt sich gar nicht leugnen; sie steht mit vier Beinen auf einer Wiese aus Gras und sieht drei Schafe an, eins, zwei, drei Schafe, – o die Zahl, wie liebe ich die Zahl, sie sind so hart, sie sind rundherum gleich unantastbar, sie starren von Unangreifbarkeit, ganz unzweideutig sind sie, es wäre lächerlich, irgend etwas an ihnen aussetzen zu wollen; wenn ich noch jemals traurig bin, will ich immer Zahlen vor mich her sagen; er lachte froh und ging.

Himmel um sein Haupt, blühte er durch das leise Spiel der Nacht. Sein waren die Gassen, für seine Gänge, ohne Demütigung vernahm er seiner Schritte Widerhall. Er fühlte ein Erschließen, er stieg auf; eine Pore war er, aus der es grünen wollte, eingeebnet fühlte er sich in das Schlenkern der Arme eines Mannes, der hastig über die Straße schritt, gehürnt von einem Ziel.

Weich und mahlend bewältigte er die Schaufenster durch Gedanken über Gegenstände in den Läden, stand herum prüfenden Blickes, als beabsichtige er einzukaufen, ging weiter, nicht befriedigt von dem, was man ihm bot.

Hart heran an Gangart und Gesichtsausdruck von anderen Männern trat er, schloß sich dem an, glättete seine Züge, um sie gelegentlich aufzucken zu lassen in der Erinnerung an ein Vorkommnis im Laufe des Tages, sei es heiterer, sei es ernster Art. Einen belebten großen Platz vollends nahm er wahr, um plötzlich stehen zu bleiben, erschrocken mit der Hand an die Stirn zu fassen und den Kopf zu schütteln: nein, zu ärgerlich! nun hatte er etwas vergessen; entfallen war ihm etwas, das zu tun ihm oblag; ein Versäumnis lag vor, das trotz aller bevorstehender Verabredungen des Abends unverzüglich nachzuholen ihm die Pflicht gebot. Weitergehen erübrigte sich. Es hieß jetzt, der Umkehr ins Auge sehen und vollbringen, was einmal als Recht erkannt.

Erregt machte er kehrt; die einreihenden Gedanken der Nachblickenden wärmten ihn und trieben ihn an: Vielleicht erzählte nun einer von ihm zu Hause, vielleicht spöttelte er ein wenig, vielleicht sagte er etwas schadenfroh: ein Herr, der etwas vergessen hatte – vielleicht kam er nun zu spät zu seiner Verabredung – vielleicht blieb ihm nun die Tür verschlossen während der Ouverture, – er mußte noch einmal zurückgehen – wahrscheinlich in sein Bureau –, wahrscheinlich ein Brief an einen Geschäftsfreund –, man kennt das ja selbst – ja ja, so ist das Leben – man erzieht sich selbst – man muß manches opfern – aber nur den Kopf nicht sinken lassen –, erhebt die Herzen, – Sursum corda – der gestirnte Himmel – das dienende Glied.

Er bog in ein Friseurgeschäft und unterzog sich der Pflege. Ein Herr bekam den Hinterkopf gepudert. Warum, fragte sich Rönne, ich bekomme ihn nicht gepudert. Er überlegte. Er war blond. Es geht daraus hervor, daß das Prinzip des

Weißen mit dem Prinzip des Blonden für diesen Zweck identisch ist. Es dürfte sich um den Lichtreflex handeln, um den Brechungskoeffizienten sozusagen. Jawohl, Brechungskoeffizient, sehr gut, und er verweilte einen Augenblick.
Man muß nur an alles, was man sieht, etwas anzuknüpfen vermögen, es mit früheren Erfahrungen in Einklang bringen und es unter allgemeine Gesichtspunkte stellen, das ist die Wirkungsweise der Vernunft, dessen entsinne ich mich.
Stark und gerüstet dehnte er sich in dem Rasierstuhl. Der junge Mann tänzelte herum, tupfte hin und her und puderte und strich.
Er war wieder auf der Straße. Eine Frau bot einen flachen Korb herum mit Veilchensträußen, blau wie Stücke der Nacht, mit Orchideenbündeln, weichen Zusammenflusses aus hellblau und orange.
Die Orchidee, lachte er selbstgefällig, die Blüte des heißen Afrika, der Liebling der Sammler, der Gegenstand so mancher Ausstellungen des In- und Auslandes, jawohl, ich weiß Bescheid, jawohl, ich bin nicht unkundig, selbst zu einem Fachmann fände ich Beziehungen.
Da fiel sein Blick auf die Inschrift eines Hauses, die hieß etwa: Schlachthof.
Nun mußte er sich eingehend über Schlachthof äußern. Der Dresdener Schlachthof vergleichsweise, erbaut Anfang der siebziger Jahre von Baurat Köhler, versehen mit den hygienisch-sanitären Vorrichtungen modernsten Systems – bahnbrechend war in dieser Richtung die Entdeckung des Dänen Johannsen. Es war ein Junitag des denkwürdigen Jahres der finnischen Expedition. Da ging er am Morgen durch die Östergaade und sah zwei Kühe ankommen, alter jütländischer Art – – heraus aus einer solchen Fülle des Tatsächlichen sprach er; so äußerte er sich, so stand er Antwort und Rede, klärte manches auf, half über Irrtümer hinweg, diente der Sache und unterstand der Allgemeinheit, die ihm dankte.
Messer und Geräte, Griffe und Anerkennung des Raumes Erforderndes, traten ihm entgegen. Nun wurde er gar ein

Jäger, eine starke, geschlossene Gestalt. Er scheute sich nicht, durch grüne Joppe und Hornknöpfe Aufschluß über sein Gewerbe jedem Vorübergehenden zu geben. Er war wetterhart und gebräunt und einen kräftigen Schluck zum zweiten Frühstück, jawohl die Herren, und noch einmal! Er erzählte in einem größeren Kreise von dem Sechserbock, wie er den Drilling an die Backe nahm, und das Silberkorn flimmerte in der Kimme. Er prüfte und begutachtete einen Standhauer, erinnerte an die ungünstigen Erfahrungen mit dem Modell eines Försters aus der Nachbarschaft; er nickte bedächtig, schüttelte mit dem Kopf und sprach starken Atems in die rauhe Morgenluft, kurz, er war der geachtete Mann, dem im Umfang seines Faches Vertrauen zukam, eine bodenständige Natur, festen Schrittes und aufrechter Art.

Nun erkrankte ihm vollends sein Kind; an einem Frühlingsmorgen, das junge Geschöpf! Er schluchzte mit seinem Weibe; aber mit dem kurzen Daumen des Broterwerbers strich er sich durch den Bart, den Schmerz zu meistern. Er stand demütig vor dem Unbegreiflichen; aller Rätsel wurde auch er nicht Herr; das Mythische ragte in sein Leben hinein, die guten und die bösen Dinge, die Träne und das Blut.

Allmählich aber war die Nacht tiefer geworden und schloß ihn ein. Nun schwoll wirklich um ihn der Wald. Er sank auf Moos unter Stern und stillen Lauten. Blau stand zwischen Bäumen, Tier und Dorf. In ihrem Bett die Quelle. In ihrem Silberheim die Hügel. Und im Schauer seiner Haut, im Sprunge seiner Glieder, im Trunk der Augen, in seines Ohres Rausch: er, als der Blüten eine, er, als der Tiere Beischlaf, unter einem Himmel, unter einer Nacht –

Im Taumel halb, und halb weil Klänge riefen, stieg er die Stufen hinunter in den Saal.

Da tanzte eine hinter Schleiern, die Brüste gebunden, und ein Korallengaumen, aus dem sie lachte. Zwei wehten mit ihren Händen an ihren Leibern vorbei und trieben Geruch und Lust den Männern zu. Eine stieß Leib und Brüste hervor nach Enthüllungen. Zwei, die sich lieben wollten, streiften die Ringe ab, die hatten rauhe Steine.

Er aber spürte die Hände alle auf den Hüften, den Drang, sich abzuflachen auf die Erde, die Zuckungen, das Zusammenströmen und den Aufwuchs, und plötzlich stand vor ihm die Schwangere: breites, schweres Fleisch, triefend von Säften aus Brust und Leib; ein magerer, verarmter Schädel über feuchtem Blattwerk, über einer Landschaft aus Blut, über Schwellungen aus tierischen Geweben, hervorgerufen durch eine unzweifelhafte Berührung.

Da sprang er eine an, brach sie auf, biß in Gebein, das wie seines war, entriß ihm Schreie, die wie seine klangen, und verging an einer Hüfte, erstürmt von einem fremden Rund. –

Dann stieß der Morgen hervor, rot und siegreich. Rönne schritt durch die Wellen der Frühe, durch das Meer, das über die Wolken brach.

Rein und klar sah er hinter sich die Nacht, nun ging er den Weg zu den Palmengärten am Rande der Stadt.

Das Licht wuchs an, der Tag erhob sich; immer der gleiche ewige Tag, immer das unverlierbare Licht.

Die letzten Straßen, Brut quoll aus den Kellern; vorbei schabte ein Mönch, der Triumph des Inhalts; Frauen, Geruch aus Nestern und Begattung hinter sich herschleifend, führten ihre bejahenden Versenkungen dem Nachbar zu. Zu ihnen gehörten sie alle: Der Jäger und der Krüppel, der Vergeßliche und der Tänzer, – alle glaubten, versteckt oder frei, an die großen Gehirne, um die die Götter schwebten.

Er, der Einsame; blauer Himmel, schweigendes Licht. Über ihm die weiße Wolke: die sanftgekappten Rande, das schweifende Vergehen.

Er wehte sich über die Stirn: Am Abend, als ich ausging, schien ich mir noch des Schmerzes wert. Nun mag ich unter Farren liegen, die Stämme anschielen und überall die Fläche sehen.

Die Türen sanken nieder, die Glashäuser bebten, auf einer

Kuppel aus Kristall zerbarst ein Strom des unverlierbaren Lichts: – so trat er ein –.
Ich wollte eine Stadt erobern, nun streicht ein Palmenblatt über mich hin.
Er wühlte sich in das Moos: am Schaft, wasserernährt, meine Stirn, handbreit, und dann beginnt es.
Bald darauf ertönte eine Glocke. Die Gärtner gingen an ihre Arbeit; da schritt auch er an eine Kanne und streute Wasser über die Farren, die aus einer Sonne kamen, wo viel verdunstete.

## Die Reise

Rönne wollte nach Antwerpen fahren, aber wie ohne Zerrüttung? Er konnte nicht zu Mittag kommen. Er mußte angeben, er könne heute nicht zu Mittag kommen, er fahre nach Antwerpen. Nach Antwerpen hätte der Zuhörer gedacht? Betrachtung? Aufnahme? Sich ergehen? Das erschien ihm ausgeschlossen. Er zielte auf Bereicherung und den Aufbau des Seelischen.
Und nun stellte er sich vor, er säße im Zug und müßte sich plötzlich erinnern, wie jetzt bei Tisch davon gesprochen wurde, daß er fort sei; wenn auch nur nebenbei, als Antwort auf eine kurz hingeworfene Frage, jedenfalls aber doch so viel, er seinerseits suche Beziehungen zu der Stadt, dem Mittelalter und den Scheldequais.
Erschlagen fühlte er sich, Schweißausbrüche. Eine Krümmung befiel ihn, als er seine unbestimmten und noch gar nicht absehbaren, jedenfalls aber doch so geringen und armseligen Vorgänge zusammengefaßt erblickte in Begriffen aus dem Lebensweg eines Herrn.
Ein Wolkenbruch von Hemmungen und Schwäche brach auf ihn nieder. Denn wo waren Garantien, daß er über-

haupt etwas von der Reise erzählen könnte, mitbringen, verlebendigen, daß etwas in ihn träte im Sinne des Erlebnisses?

Große Rauheiten, wie die Eisenbahn, sich einem Herrn gegenüber gesetzt fühlen, das Heraustreten vor den Ankunftsbahnhof mit der zielstrebigen Bewegung zu dem Orte der Verrichtung, das alles waren Dinge, die konnten nur im geheimen vor sich gehen, in sich selber erlitten, trostlos und tief.

Wie war er denn überhaupt auf den Gedanken gekommen, zu verlassen, darin er seinen Tag erfüllte? War er tollkühn, herauszutreten aus der Form, die ihn trug? Glaubte er an Erweiterung, trotzte er dem Zusammenbruch?

Nein sagte er sich, nein. Ich kann es beschwören: nein. Nur als ich vorhin aus dem Geschäft ging, nach Veilchen roch man wieder, gepudert war man auch, ein Mädchen kam heran mit weißer Brust, es erschien nicht ausgeschlossen, daß man sie eröffnet. Es erschien nicht ausgeschlossen, daß man prangen würde und strömen. Ein Strand rückte in den Bereich der Möglichkeiten, an den die blaue Brust des Meeres schlug. Aber nun zur Versöhnung will ich essen gehn.

Durch Verbeugung in der Türe anerkannte er die Individualitäten. Wer wäre er gewesen? Still nahm er Platz. Groß wuchteten die Herren.

Nun erzählte Herr Friedhoff von den Eigentümlichkeiten einer tropischen Frucht, die einen Kern enthalte von Eigröße. Das Weiche äße man mit einem Löffel, es habe gallertartige Konsistenz. Einige meinten, es schmecke nach Nuß. Er demgegenüber habe immer gefunden, es schmecke nach Ei. Man äße es mit Pfeffer und Salz. Es handelte sich um eine schmackhafte Frucht. Er habe davon des Tages 3–4 gegessen und einen ernstlichen Schaden nie bemerkt.

Hierin trat Herrn Körner das Außerordentliche entgegen. Mit Pfeffer und Salz eine Frucht? Das erschien ihm ungewöhnlich, und er nahm dazu Stellung.

Wenn es ihm doch aber nach Ei schmeckt, wies Herr Mau auf das Subjektive des Urteils hin, gleichzeitig etwas wegwerfend, als ob er seinerseits nichts Unüberbrückbares sähe. Außerdem so ungewöhnlich sei es doch nun nicht, führte Herr Offenberg zur Norm zurück, denn z. B. die Tomate? Wie nun vollends, wenn Herr Kritzler einen Oheim aufzuweisen hatte, der noch mit 70 Jahren Melone mit Senf gegessen hatte, und zwar in den Abendstunden, wo Derartiges bekanntlich am wenigsten bekömmlich sei?

Alles in allem: Lag denn in der Tat eine Erscheinung von so ungewöhnlicher Art vor, ein Vorkommnis sozusagen, das die Aufmerksamkeit weiterer Kreise auf sich zu lenken geeignet war, sei es, weil es in seinen Verallgemeinerungen bedenkliche Folgeerscheinungen hätte zeitigen können, sei es, weil es als Erlebnis aus der besonderen Atmosphäre des Tropischen zum Nachdenken anzuregen geeignet war?

Soweit war es gediehen, als Rönne zitterte, Erstickung auf seinem Teller fand und nur mit Mühe das Fleisch aß.

Ob er aber nicht doch vielleicht eine Banane gemeint habe, bestand Herr Körner, diese weiche, etwas mürbe und längliche Frucht?

Eine Banane, wuchs Herr Friedhoff auf? Er, der Kongokenner?? Der langjährige Befahrer des Moabangi? Nein, das nötigte ihm geradezu ein Lächeln ab! Weit entschwand er über diesen Kreis. Was hatten sie denn für Vergleiche? Eine Erdbeere oder eine Nuß, vielleicht hie und da eine Marone, etwas südlicher. Er aber, der beamtete Vertreter in Hulemakong, der aus den Dschungeln des Jambo kam?

Jetzt oder nie, Aufstieg oder Vernichtung, fühlte Rönne, und: wirklich nie einen ernstlichen Schaden bemerkt? tastete er sich beherrschten Lautes in das Gewoge, Erstaunen malend und den Zweifel des Fachmanns: Vor dem Nichts stand er; ob Antwort käme?

Aber saß denn nicht schließlich auf dem Stuhl aus Holz er, schlicht umrauscht von dem Wissen um das Gefahrvolle der Tropenfrucht, wie in Sinnen und Vergleichen mit Angaben und Erzählungen ähnlicher Erlebnisse, der schweigsame

Forscher, der durch Beruf und Anlage wortkarge Arzt? Dünn sah er durch die Lider, vom Fleisch auf, die Reihe entlang, langsam erglänzend. Hoffnung war es noch nicht, aber ein Wehen ohne Not. Und nun eine Festigung: mehreren Herren schien in der Tat die nochmalige Bestätigung dieser Tatsache zur Behebung von etwa aufgestiegenen Bedenken von Wert zu sein. Und nun war kein Zweifel mehr: einige nickten kauend.

Jubel brach aus, Triumphgesänge. Nun hallte Antwort mit Aufrechterhaltung gegenüber Zweiflern, und das galt ihm. Einreihung geschah, Bewertung trat ein; Fleisch aß er, ein wohlbekanntes Gericht; Äußerungen knüpften an ihn an, zu Ansammlungen trat er, unter ein Gewölbe von großem Glück; selbst Verabredung für den Nachmittag zuckte einen Augenblick lang ohne Erbeben durch sein Herz.

Aus Erz saßen die Männer. Voll kostete Rönne seinen Triumph. Er erlebte tief, wie aus jedem der Mitesser ihm der Titel eines Herrn zustieg, der nach der Mahlzeit einen kleinen Schnaps nicht verschmähte und ihn mit einem bescheidenen Witzwort zu sich nimmt, in dem Ermunterung für die andern, aber auch die entschiedene Abwehr jeglichen übermäßigen Alkoholgenusses eine gewisse Atmosphäre der Behaglichkeit verbreitete. Der Eindruck der Redlichkeit war er und des schlichten Eintretens für die eigene Überzeugung; aber auch einer anderweitigen Auffassung gegenüber würde er gern zugeben; da ist was Wahres dran. Geordnet fühlte er seine Züge; kühler Gelassenheit, ja Unerschütterlichkeit auf seinem Gesicht zum Siege verholfen, und das trug er bis an die Tür, die er hinter sich schloß.

Schattenhaft ging er durch den Gang, nun wieder im Gefühl des Schlafes, in den man sank ohne einen Wirbel über sich zu lassen, negativ verendet, nur als Schnittpunkt bejaht. Zwei Huren wuschen den Gang auf, von weitem schon ihn wahrnehmend, aber sich in die Arbeit versunken stellend, bis er da war. Nun erst trat in die Augen das jähe Erkennen, Keuschheit und Verheißung aus der Reife des Bluts.

Rönne aber dachte, ich kenne euch Tiere, über dreihundert Nackte jeden Morgen! aber wie stark ihr die Liebe spielt! Eine kannte ich, die war an einem Tag von Männern einem Viertelhundert der Rausch gewesen, die Schauer und der Sommer, um den sie blühten. Sie stellte die Form, und es geschah das Wirkliche. Ich will Formen suchen und mich hinterlassen; Wirklichkeiten eine Hügelkette, o von Dingen ein Gelände.

Er trat aus dem Haus. Helle Avenuen waren da, Licht voll Entrückung, Daphneen im Erblühn. Es war eine Vorstadt; Armes aus Kellern, Krüppel und Gräber, soviel Ungelacht. Rönne aber dachte, jeder Mensch dem ich begegne, ist noch ein Sturm zu seinem Glück. Nirgends meine schwere, drängende Zerrüttung.

Er ging langsam, er schürfte sich vor. Es war eine ungewohnte Straßenstunde, ihm seit Monaten nicht mehr bekannt. Er blätterte das Entgegenkommende behutsam auseinander mit seinen tastenden, an der Spitze leicht ermüdbaren Augen.

Aufzunehmen gilt es, rief er sich zu, einzuordnen oder prüfend zu übergehn. Aus dem Einstrom der Dinge, dem Rauschen der Klänge, dem Fluten des Lichts die stille Ebene herzustellen, die er bedeutete.

Es war eine fremde Gegend, durch die er ging, aber es mochte immerhin ein Bekannter kommen und fragen, woher und wohin. Und obschon er einen Patienten jederzeit hierfür zur Hand gehabt hätte, so war es doch nicht der Fall, und ihm graute vor dem Erlebnis, vor dem er stehen würde: daß er aus dem Nichts in das Fragwürdige schritt, im Antrieb eines Schatten, keiner Verknotung mächtig, und dennoch auf Erhaltung rechnend.

Scheu sah er sich um; höhnisch standen Haus und Baum; unterwürfig eilte er vorbei. Haus, sagte er zum nächsten Gebäude; Haus zum übernächsten; Baum zu allen Linden seines Wegs. Nur um Vermittelung handele es sich, in Unberührtheit blieben die Einzeldinge; wer wäre er gewesen, an sich zu nehmen oder zu übersehen oder, sich auflehnend, zu erschaffen? Ein bißchen durch die Sonne gehen, mehr wollte er ja nicht; es warm haben, und der Himmel hatte ein Blau: nie endend, mütterlich und sanft vergehend.

Weit war er noch nicht von seinem Krankenhaus entfernt, da übermannte ihn schon die Not. Wohin trug er sich denn, etwa in das All? War er der Träumer denn, weich streifend den Hang, oder der Hirt auf den Hügeln? Trat an die Maikastanie vielleicht er, den Ast beklopfend mit dem Hornmesser, bis in Saft vom Zweige die Rinde glitt und wurde die gehöhlte Flöte? Gesänge, hatte er sie? War er vielleicht der Freie, der in Segeln schritt, und überall die Erde, löschend mit seinem Blick? O, er war wohl schon zuweit gegangen! Schon schwankte vor der Straße Feld unter gelben Stürmen gefleckter Himmel, und ein Wagen hielt am Saum der Stadt. Zurück! hieß es; denn heran wogte das Ungeformte, und das Uferlose lag lauernd.

Nun nahm ihn wieder die Straße auf, schnurgerade und unter einem flachen Licht. Von Tür zu Tür lief sie, und sachlich um den Fuß der Botenfrau; aus den Kellern über sie wehte die Küche Nahrung und Notdurft; vor dem Spiegel der Herr kämmte achtbar seinen Bart; klang der Fuß auf Metall, sorgte für Entwässerung das Gemeinwohl; lag ein Gitterchen an der Mauer, kam im Winter nicht der Frost, und in ihr Recht traten Förder und Schacht?

Wie einsam steht es um die Straße, dachte Rönne, sie ist eindeutig fixiert und wird entwicklungsgeschichtlich kaum durchdacht; aber schön und sicher ist es, hier zu wandeln, so dicht am Leib mündet sie, und eigentlich ist es kein Gehen mehr, sondern ein Träumen auf dem Rücken des Zwecks.

Dann prangten zwischen Pelz und Locken Damen in den Abend ihr Geschlecht. Blühen, Züngeln, Fliedern der Scham aus Samt und Bänder über Hüften. Rönne labte sich an dem Geordneten einer Samtmantille, an der restlos gelungenen Unterordnung des Stofflichen unter den Begriff der Verhüllung; ein Triumph trat ihm entgegen zielstrebigen, kausal geleiteten Handelns. Aber – und plötzlich sah er die

Frau nackt – diese nicht; es müßte die Ernüchterte sein, die sich noch einmal krümmen ließe.

Da trat ein Herr auf ihn zu, und ha ha, und schön Wetter ging es hin und her, Vergangenheit und Zukunft eine Weile im kategorialen Raum. Als er fort war, taumelte Rönne. Sie alle lebten mit Schwerpunkten auf Meridianen zwischen Refraktor und Barometer, er nur sandte Blicke über die Dinge, gelähmt von Sehnsüchten nach einem Azimuth, nach einer klaren logischen Säuberung schrie er, nach einem Wort, das ihn erfaßte. Wann würde er der erzene Mann, um den tags die Dinge brandeten und des Nachts der Schlaf, der gelassen vor einem Bahnhof stände, wieviel Erde es auch gäbe, der Verwurzelte, der Unerschütterliche!

Reisen hatte er gewollt; aber nun schienen Gleise über die Straße, und schon sank sein Blick. Oh, daß es eine Erde gab, wirklich grün, stark irden, silbern verfernt, über die die Augen strichen wie ein Flügel, und Städte, flache weiße, an Küsten, und Kutter, braune, die man hinnahm, liebte und vergaß.

Oder ein Leben um das Radwerk einer Uhr. Um Hyazinthenknollen die Hand. Die Schulter, die das Fischnetz zog, silbern und ihr Abwurf auf den Strand.

Da, durch die helle dünne Luft, in die die Knospen ragten, und unter dem ersten Stern, kam eine Frau vorbei und roch blau und langte Rönne nach dem Schädel und legte ihn tief in den Nacken, bettend, und über der Stirn stand die frühe Nacht.

Rönne schluchzte auf: wer knirschte so tief wie ich unter dem Stoff, wer ist so geknechtet von den Dingen nach Zusammenhang als ich, aber eben dies schweifende Gewässer, tief, dunkel und veilchenfarben, aus dem Aufklaff einer Achsel – mich stäubt Zermalmung an.

Zwischen die Straßen rinnt Nacht, über die weißen Steine blaut es, es verdichtet sich die Entrückung; die Sträucher schmelzen, welches Vergehn! –

Nun fiel ein Regen und löste die Form. Wohnungen traten unter laues Wasser, in Frühlingsgewölke stand alle Stadt.

Über ihr aber schwebte er, entrückt, einsam, mit einer Krone irgendwoher. Jäh wurde er der Herr mit Koffer, der auf die Reise ging durch Aue und Rand. Schon wogten Hügel heran, weich bewäldert; nun brüderlich die Äcker, die Versöhnung kam.

Er sah die Straße entlang und fand wohin.

Einrauschte er in die Dämmerung eines Kinos, in das Unbewußte des Parterres. In weiten Kelchen flacher Blumen bis an die verhüllten Ampeln stand rötliches Licht. Aus Geigen ging es, nah und warm gespielt, auf der Ründung seines Hirns, entlockend einen wirklich süßen Ton. Schulter neigte sich an Schulter, eine Hingebung; Geflüster, ein Zusammenschluß; Betastungen, das Glück. Ein Herr kam auf ihn zu, mit Frau und Kind, Bekanntschaft zuwerfend, breiten Mund und frohes Lachen. Rönne aber erkannte ihn nicht mehr.

Er war eingetreten in den Film, in die scheidende Geste, in die mythische Wucht.

Groß vor dem Meer wölkte er um sich den Mantel, in hellen Briesen stand in Falten der Rock; durch die Luft schlug er wie auf ein Tier, und wie kühlte der Trunk den Letzten des Stamms.

Wie er stampfte, wie rüstig blähte er das Knie. Die Asche streifte er ab, lässig, benommen von den großen Dingen, die seiner harrten aus dem Brief, den der alte Diener brachte, auf dessen Knien der Ahn geschaukelt.

Zu der Frau am Bronnen trat edel der Greis. Wie stutzte die Amme, am Busen das Tuch. Wie holde Gespielin! Wie Reh zwischen Farren! Wie ritterlich Weidwerk! Wie Silberbart!

Rönne atmete kaum, behutsam, es nicht zu zerbrechen. Denn es war vollbracht, es hatte sich vollzogen.

Über den Trümmern einer kranken Zeit hatte sich zusammengefunden die Bewegung und der Geist, ohne Zwischentritt. Klar aus den Reizen segelte der Arm; vom Licht zur Hüfte, ein heller Schwung, von Ast zu Ast.

In sich rauschte der Strom. Oder wenn es kein Strom war,

ein Wurf von Formen, ein Spiel in Fiebern, sinnlos und das Ende um allen Saum.

Rönne, ein Gebilde, ein heller Zusammentritt, zerfallend, von blauen Buchten benagt, über den Lidern kichernd das Licht.

Er trat auf die Avenue. Er endete in einem Park.

Dunkel drohte es auf, bewölkt und schauernd, wieder aus dem Gefühl des Schlafs, in den man sank, ohne einen Wirbel über sich zu lassen, negativ verendet, nur als Schnittpunkt bejaht; aber noch ging er durch den Frühling, und erschuf sich an den hellen Anemonen des Rasens entlang und lehnte an eine Herme, verstorben weiß, ewig marmorn, hierher zerfallen aus den Brüchen, vor denen nie verging das südliche Meer.

## Die Insel

Daß dies das Leben sei, war eine Annahme, zu der Rönne, einen Arzt, das von leitender Stelle aus Geregelte seiner Tage, das staatliche Genehmigte, ja Vorgeschriebene seiner Bestimmung wohl berechtigte.

Tat es etwas, daß die Insel klein war, übersehbar von einem Hügel, ein Streifen Stein zwischen Möwen und Meer – es gab das Gefängnis da mit den Sträflingen, daran Arzt zu sein er ausersehen, und dann gab es Strand, eine große Strauchwiese voll Gezwitscher, ein Vogelhort, und weiter unten ein elendes Dorf mit Fischern, das allerdings galt es noch näher zu beleuchten.

Ein Rachen war bepinselt, einer Meineidigen das Knie massiert, da erhob sich Rönne und verließ das ummäuerte Gehöft. Davor lag weißer Strand; darauf blühte Hafer und Distel; denn der Sommer war über das Meer gekommen wie ein Gewitter: der Himmel donnerte von Bläue und es goß Wärme und Licht.

Unter Gedanken, wie die freie Zeit, die ihm nach Erledigung seiner Dienstpflichten zur Verfügung stand, zweckmäßig zu verwenden sei, welches ihr Sinn sei in Hinsicht des Staates und der Person, schritt er aus. Er atmete tief die reine Seeluft ein, die schmächtige Brust ihr entgegen spülend, dem Gesundheitlichen, das die bekanntermaßen dem Wanderer bot, willig hingegeben. Eins fühlte er sich mit dem Geiste, der ihn hier herberufen und gestellt, der sich ohne Zaudern zur Sicherstellung der vorwärtszielenden bürgerlichen Verrichtung entschloß; der dem Schutze galt, die die Öffentlichkeit dem strebenden Bemühen schuldete, mit einem Wort: der die Ausmerzung des Schädlings anstrebte, ohne jedoch selbst hier außer acht zu lassen das allgemein Menschliche noch des Gefallenen und in einer Art stummer Anerkenntnis des großen allumschließenden Bandes des Seelischen schlechthin nicht die Vernichtung wollte, sondern den Arzt beigab.

Und nun, die karge Schindel der ersten Hütte, war sie nicht Hut gegen Sturm und Regen, der Unbill Abwehr, Traute und Behaglichkeit bedachend? Das Netz, das vom Fang kommend der Gatte ausbreitete, sorgsam über Pfahl und Stein, war es nicht umwittert vom Geruch der Diele, wo es sich vollzog, das Natürliche, das Urgesunde? Und nun wehte gar ein Windstoß an eine Ölkappe, und ein Arm griff an die Krempe –: jawohl, auf Reize antwortete hier Organisches; betrieben wurden seine Symptome: der Stoffwechsel und die Vermehrung; der Reflexbogen herrschte, hier war gut ruhn.

Vor einer Kneipe saßen Männer. Ihr Sinn? Sie saßen! Sie gingen nicht, sie schonten Kraft. Sie tranken aus Krügen! Reine Lust? Niemals! Nährwert war nicht zu leugnen. Und wenn? Erholung von Mann zu Mann?! Erfahrungsaustausch?! Bestätigungen!!!?

Und der Düstere abseits? Der Grübeler, der sich ernster nahm? Flammte nicht auch auf seiner Stirn noch durch das Dämonische, selbst gegen Götter gerichtet, der geschlossenere Akt, der stärkere Aufbau, das Lichtbringerische in eventuellen Abgrund?

Kurz und gut: lauter Wahrnehmungen, die wohl befriedigen durften. Nirgends eine Störung, überall Sonne und heller Ablauf.

Rönne setzte sich. Ich habe etwas freie Zeit, sagte er sich, jetzt will ich etwas denken. Also, eine Insel und etwas südliches Meer. Es sind nicht da, aber es könnten da sein: Zimtwälder. Jetzt ist Juni, und es begönne die Entborkung, und ein Zweiglein bräche dabei wohl ab. Ein überaus lieblicher Geruch würde sich verbreiten, auch beim Abreißen eines Blattes ein aromatisches Geschehen.

Denn alles in allem: vier bis sechs Fuß hohe Stauden, weiche grüne lorbeerähnliche Blätter, indeß der Blütenstempel gelb getönt ist. Ist der Schößling daumenstark, tritt die Einsammlung heran und es erfordert viele Hände, Bündel, krumme Messer, Rinde und Bast; mit diesen Worten ist manches schon erwiesen, aber erst in der Hütte wird das Häutchen abgeschält.

Ja, das war eine Insel, die in einem Meer vor Indien lag. Es nahte sich ein Schiff, plötzlich trat es in den Wind, der das Land umfaßt hatte und nun stand es im Atem des bräunlichen Walds. Der Zimtwald, dachte der Reisende, und der Zimtwald, dachte Rönne. Schneeweiß war der Boden, und die Staude saftig. Und durch die Insel schritt er, zwischen Roggen und Wein, abgeschlossen und still umgrenzt. Sein Urteil ist Begehren, der Satzbau Stellung nehmend. Er grübelt, doch über die Polle einer Pflanze, denn er ist gewillt, sie einzusäen. Ferne ist die Zeit der Trauer, da er in der Bahn hierher fuhr mit den Damen: das ist sehr hübsch hier, sagte die Mutter zu den Töchtern, seht doch mal! und nun verarbeiteten sie aus den Kupeefenstern heraus die Hügelkette, matt im blauen Dunst, davor das Tal und eine Stadt, die hinter Wäldern und Klee versank; denn wenn die Mutter es nicht gesagt hätte, mußte Rönne immer denken, wäre der Aufstieg nicht erfolgt.

Hier aber herrschten keine solchen vagen Ausrufe. Hier

wurde hingenommen, was ins Auge traf. Sachliche Verarbeitung trat ein in bezug auf ein Netz, im Hinblick auf eine Reuse. Und auch wenn er wie eben etwas dachte, lag Andersartiges vor, keine Bereicherung, mehr ein Traum.

Hell saß er am Strand. Er fühlte sich leicht und durchsichtig und schien sich nicht mehr unsauberer zu sein als ein bewegter Stein, als ein abgerundeter Block, gehalten von einer leichten Organisation.

Und wenn er auf die Insel aus dem Gefühl einer Aufgabe heraus gekommen war, an Gegenständen, die er möglichst isoliert unter wenig veränderlichen Bedingungen beobachten konnte, den Begriff nachzuprüfen, so spürte er jetzt schon etwas wie Erfüllung: Die Begriffe, schien ihm, sanken herab. Wie hatte zum Beispiel Meer auf ihm gelegen, ein sprachlicher Bestand, abgeschnürt von allen hellen Wässern, beweglich, aber doch höchstens als Systemwiesel, das Ergebnis eines Denkprozesses, ein allgemeinster Ausdruck. Jetzt aber, schien es ihm, wanderte er dahin zurück, wo es unabsehbare Wässer gab im Süden und im Norden brackige Flut, und Wellen eine Lippe unerwartet salzten. Leise schwand der Drang, es schärfer aufzurichten, es unantastbarer zu umreißen gegenüber Dünen und einem See. Leise fühlte er ihn vergessen, ihn zurückerstatten an seine Wesenheit, an die Möve und den Tang, den Sturmgeruch und alles Ruhelose. – – – – –

Rönne lebte einsam seiner Entwicklung hingegeben und arbeitete viel. Seine Studien galten der Schaffung der neuen Syntax. Die Weltanschauung, die die Arbeit des vergangenen Jahrhunderts erschaffen hatte, sie galt es zu vollenden. Den Du-Charakter des Grammatischen auszuschalten, schien ihm ehrlicherweise notwendig, denn die Anrede war mythisch geworden.

Er fühlte sich seiner Entwicklung verpflichtet und die ging auf Jahrtausende zurück.

Die Umgestaltung der Bewegung zu einer Handlung unter Vorwegnahme des Zieles lag im Unentschleierbaren, wo der

Mensch begann. Das war gegeben. Auch daß er hin und her die Augen aufschlug: in helle Himmel, über Wüsten, am Nil, und an den Myrtenlagunen die Geigenvölker – – aber hier im Norden drängte es zur Entscheidung: zwischen Hunger und Liebe war der dritte Trieb getreten. Aus dem schlechten Atem der Asketen, aus ermatteten Geschlechtlichkeiten unter den verdickten Lüften der Nebelländer wuchs sie hervor, die Erkenntnis, Hekatomben röchelnd nach der Einheit des Denkens, und die Stunde der Erfüllung schien gekommen.

Hatte Kartesius noch die Zirbeldrüse für den Sitz der Seele angenommen, da ihr Äußeres dem Finger Gottes: gelblich, langgestreckt, milde und doch drohend, gleichen mochte, so hatten die Hirnphysiologen festgestellt, wann beim Einstich in die Hirnmasse Zucker im Harn, wann Indigo auftrat, ja wann korrelativ der Speichel floß. Die Psychologie hatte den Begleitcharakter des Gefühls zu den Empfindungen erkannt, den ihnen zustehenden generellen Wert der Abwehr des Schädlichen in genauen Kurven festgelegt, die Ablesbarkeit der individuellen Differenzen war vollendet. Die Erkenntnistheorie schloß ab, mit der Erneuerung Berkeleyischer Ideen einem Panpsychismus zum Durchbruch zu verhelfen, der dem Wirklichen den Rang kondensierter Begriffe in der Bedeutung geschlechtlich besonders betonter Umwelt zum Zwecke bequemer Arterhaltung zuwies.

Dies alles gilt als ausgemacht, sagte sich Rönne. Dies wird seit Jahrfünften gelehrt und hingenommen. Wo aber blieb die Auseinandersetzung innerhalb seiner selbst, wo fand die statt? Ihr Ausdruck, das Sprachliche, wo vollzog sich das?

Unter Grübeln trat er vor ein Feld mit einem Mann, den er aus der Anstalt mitgenommen hatte:

»Mohn, pralle Form des Sommers«, rief er, »Nabelhafter: Gruppierend Bauchiges, Dynamit des Dualismus: Hier steht der Farbenblinde, die Röte-Nacht. Ha, wie Du hinklirrst! Ins Feld gestürzt, Du Ausgezackter, Reiz-Felsen, ins Kraut geschwemmt, – und alle süßen Mittage, da mein Auge auf Dir schlief letzte stille Schlafe, treue Stunden – – An Deiner

Narbe Blauschatten, an Deine Flatterglut gelehnt, gewärmt, getröstet, hingesunken an Deine Feuer: angeblüht!: nun dieser Mann –: auch Du! Auch Du! – – An meinen Randen spielend, in Sommersweite, all mein Gegenglück – und nun: wo bin ich nicht?«

Wo bin ich nicht, dachte er, und wandte sich in der Richtung nach der Anstalt, und wo tritt das Ereignis nicht in das Gegebene? Da unten sind Zimmer. An Tischen sitzen Männer, Direktoren und Beamte, zwischen Denkanstößen geht der Zahnstocher hin und her.

Aus Ereignissen des täglichen Daseins und Rennberichten spielt der psychische Komplex sich ab. Es tritt auf das Befremdende, das Abweichende, ja bis zum Widersprechenden stellt es sich ein. Wachgerufen wird in den Bewußtseinsabläufen das Bestreben, das Ungeklärte zu entwirren, das Zweifelhafte sicherzustellen, der Überbrückung des Zwiespalts gilt das Wort. Es tritt die Erfahrung hervor, Beweis und Abwehr gibt sie an die Hand; und die Beobachtung, hier und da gemacht, wenn auch nicht eindeutig, soll sie völlig wertlos sein? Schon weicht das Dunkle. Schon glättet sich das Krause, und daß kein Widerspruch mehr besteht, nun blau es herab.

Immer blaut bald etwas herab, zum Beispiel der Kalbsbraten, den doch jeder kennt. Jäh tritt er an einem Stammtisch auf, und es ranken sich um ihn die Individualitäten. Geographische Besonderheiten, Eigentümlichkeiten des Geschmacklichen werden hervortreten, der Drang zur Nuance um ihn sein. Es wird branden der Streit und das Erschlaffen, der Angriff und die Versöhnung um den Kalbsbraten, den Entfesseler des Psychischen.

Und das Morgendliche, wem begegnet es? Einer Frau, die sich außergewöhnlich in der Frühe erhebt; alle Kühle und sein Tau rinnen in das Wesen, das schreitet. Weiterleitung tritt ein, ein Ausruf wird erfolgen, Bestände von Erzählungen über frühe Gänge werden gebildet: – Überall stehen die Verarbeitungsbehälter und was war und wird, ist längst geschehen.

Wann gab es Umströmte? Ich muß alles denken, ich muß alles zusammenfassen, nichts entgeht der logischen Verknüpfung. Anfang und Ende, aber ich geschehe. Ich lebe auf dieser Insel und denke Zimtwälder. In mir durchwächst sich Wirkliches und Traum. Was blüht der Mohn, wenn er sich entrötet; der Knabe spricht, aber der psychische Komplex ist vorhanden, auch ohne ihn. –

Die Konkurrenz zwischen den Associationen, das ist das letzte Ich – dachte er und schritt zurück zur Anstalt, die auf einem Hügel am Meere lag. Hängt aus meiner Tasche eine Zeitung, ein buchhändlerisches Phänomen, bietet es Anknüpfungen zu Bewegungsvorgängen an Mitmenschen, sozusagen zu einem Geschehnis zwischen Individualitäten. Sagt der Kollege, Sie gestatten das Journal, liegt ein Reiz vor, der wirkt, ein Wille, der sich auf etwas richtet, motorische Konkurrenzen, aber jedenfalls immer das Schema der Seele, die Vitalreihe ist es, die die Fallen stellt.

Wir sind am Ende; fühlte er, wir überwanden unser letztes Organ. Ich werde den Korridor entlang gehen, und mein Schritt wird hallen. Denn muß im Korridor der Schritt nicht hallen? Jawohl, das ist das Leben, und im Vorbeigehen ein Scherzwort an die Beamtin? Jawohl, auch dies! –

Da landete das Schiff, das alle Wochen an die Insel kam, und mit den Gästen stieg eine Frau ans Land, die eine Weile hier wohnen wollte.

Rönne lernte sie kennen, warum sollte er sie nicht kennen lernen: einen Haufen sekundärer Geschlechtsmerkmale, anthropoid gruppiert.

Aber bald fragte er sich beunruhigt, ich suche ihren Umgang, doch das Denkerische ist es nicht, was aber ist es? Sie ist mittelgroß, blond, mit Wasserstoff gebleicht und grau an den Schläfen. Ihre Augen liegen in der Ferne, unverrückbar grau von Nebel die Pupille – aber ich spüre es wie Flucht, ich muß sie beformeln:

Ihr Wesen: sie liebt weiße Blumen, Katzen und Kristalle und sie kann des Nachts allein nicht schlafen, denn sie liebt es so, ein Herz zu hören, wo aber soll das Prinzip ansetzen und die Zusammenfassung erfolgen? Nie begehrt sie eine Zärtlichkeit, aber wenn man sich ihr nähert, tritt man unter das Dach der Liebe, und plötzlich steht sie über mir in einer Stellung; die ihr Schmerzen machen muß, unbeweglich und lange – – welch erschütternde Verwirrung!

Witternd Gefahr, hörend aus der Ferne einen Strom, der herangurgelte, ihn aufzulösen, schlug er um sich die soziologischen Bestände.

Wie, auf der Nachbarinsel war die Hirse stockig? War es gut gehandelt an dem kleinen Mann? Wo blieb Redlichkeit und Bruderkuß? Wenn die verging, was blieb? – Oder: wirklich hingegeben an die übliche Menge gemahlenen Tees, in einer Flasche geschüttelt, gefüllt, gekorkt und nochmals geschüttelt, und die übermittelt dem Bekannten, dem Nachbar oder dem Wißbegierigen redlichen Sinnes und helfender Gesinnung, was blieb dann noch der Verführung zugänglich; er, der schlichte Schamträger in seiner staatlichen Verquikkung, – nun durfte wohl Friede sein, endlich, ja?

Aber schon wieder war die Lockung da, die Frau, das Strömende, und befreit atmete er der Wärterin entgegen, die kam: ein krankes Knie! Wie verdichtet es sich zur Wirklichkeit. Welch starke Formel! Amtlich verpflichtet zur Anerkennung meinerseits! Kniekrankheiten, Schwellungen, Entzündungsvorgänge. – Fester Boden – Männlichkeiten!

Dann wieder: Jede Erscheinung hat ihr oberstes Prinzip, und er schritt getröstet an den Strand; es gilt nur festzulegen, welches das ihre ist; das System ist allgütig, es enthält auch sie. Es enthält auch sie, die keine Treue und keinen Wortbruch kennt, die zur Stunde nicht kommen kann, weil die Fischerin eine Angel trug, und die Salpen glänzten – Erfahrung sammeln, Deduktionen, sein stiller Himmel auch über ihr! Aber dann: Ihre Hüfte, wenn sie neben ihm ging, rauschte wie das Sinnlose und ihre Schulter war behaart vom Chaos.

Tiefer warf er sich über seine Bücher, hämmernd seine Welt. Aber wie? In den angesehendsten naturwissenschaftlichen

Journalen konnten neuerdings Raum finden, ja anerkennend besprochen werden Arbeiten dieses eigentümlichen Inhalts? Das Werk eines unbekannten jüdischen Arztes aus Danzig, der wörtlich über die Gefühle aussagte, daß sie tiefer reichten als die geistige Funktion? Daß das Gefühl das große Geheimnis unseres Lebens sei und die Frage seiner Entstehung unbeantwortbar?? Um es vollends zu Ende zu denken: das Gefühl gehöre nicht mehr zu den Empfindungen??
Wußte er denn, was es bedeutete, wenn die Gefühle nicht mehr vom Reiz abhingen, wie er, Rönne, gelernt; wenn er sie den dunklen Strom nannte, der aus dem Leibe brach? Das Unberechenbare?
Wußte der Verfasser wohl, vor welche Fragen die Konsequenzen seiner neuen Lehre führten, wußte dieser völlig unbekannte Mann wohl die ganze Schwere seiner Behauptung, die er ohne jede Ankündigung, ohne Sichtbarmachung auf dem Titelblatt einfach in einem Buch mit farblosem grauen Deckel in die Welt schickte, wußte er vielleicht, daß er die Frage beantwortete, ob es Neues gäbe?
Rönne atmete tief. War dies etwa schon eine neue Wissenschaft, die nach ihm kam? Jede Befruchtung enthielte den Keim eines unerhört Neuen, der Zusammentritt von Einheiten war in der Generationsfolge fortgesetzt in der Gestalt der Zweigeschlechtlichkeit, und in ihr galt es, die gewaltige schöpferische Macht anzuerkennen, die das Leben zur Höhe erhoben hatte?
Rönne bebte. Er sah nochmals auf das Journal, das die Besprechung gebracht hatte, auf den Namen des Referenten, der die Kritik gezeichnet hatte: er war sein Lehrer gewesen.
Schöpferischer Mensch! Neuformung des Entwickelungsgedankens aus dem Mathematischen ins Intuitive –: was aber wurde aus ihm, dem Arzt, gebannt in das Quantitative, dem beruflichen Bejaher der Erfahrung?
Trat er vor einen Rachen, und die Schwellung war bedrohlich – war sie intuitiv coupierbar? mußte er sich nicht zusammenraffen zu analytischen Phänomenen, Empirien,

zielstrebigen Gesten, dem ganzen Grauen bejahter Wirklichkeiten, zu einer Hypothese von Realität, die er erkenntnistheoretisch nicht mehr halten konnte, um des Kindes willen, das schon blau war, des Rachens halber, der erstickte, und der Geld abwarf und von Amts wegen?

Plötzlich fühlte er sich tief ermüdet und ein Gift in seinen Gliedern. Er trat an ein Fenster, das in den Garten ging. In dem stand schattenlos die Blüte weiß, und voll Spiel die Hecke; an allen Gräsern hing etwas, das zitterte; in den Abend lösten sich Düfte aus Sträuchern, die leuchteten, grenzenlos und für immer.

Einen Augenblick streifte es ihn am Haupt: eine Lockerung, ein leises Klirren der Zersprengung, und in sein Auge fuhr ein Bild: klares Land, schwingend in Bläue und Glut und zerklüftet von den Rosen, in der Ferne eine Säule, umwuchert am Fuß; darin er und die Frau, tierisch und verloren, still vergießend Säfte und Hauch.

Aber schon war es vergangen. Er fuhr sich über die Augen. Schon sprang der Reifen wieder um seine Stirn und eine Kühle an die Schläfen: was lag denn hier vor? Er hatte mit einer Frau zusammengelebt und hatte einmal gesehen, daß sie Rosenblätter, die welkten, von einer Kante zusammengelesen hatte, zusammen zu einem kleinem Haufen auf einen gesteinten bunten Tisch; dann setzte sie sich wieder, verloren an einen hellen Strauch. Das war alles, was er wirklich von ihr wußte; der Rest war, daß er sich genommen war, es rauschte und er blutete – – – aber wo führte das hin?

Hart wurde sein Blick. Gestählt drang er in den Garten, ordnend die Büsche, messend den Pfad. Und nun kam es über ihn: er stand am Ausgang eines Jahrtausends, aber die Frau war stets; er schuldete seine Entwicklung einer Epoche, die das System erschaffen hatte, und was auch kommen mochte, dies war er!

Fordernd jagte er seinen Blick in den Abend und siehe, es blaute das Hyazinthenwesen unten Duftkurven reiner Formeln, einheitliche Geschlossenheiten, in den Gartenraum;

und eine versickernde Streichholzvettel rann teigig über die Stufen eines Anstaltgebäudes unter Glutwerk berechenbarer Lichtstrahlen einer untergehenden Sonne senkrecht in die Erde. –

## Der Geburtstag

Allmählich war ein Arzt über neunundzwanzig Jahre geworden und sein Gesamteindruck war nicht darnach, Empfindungen besonderer Art zu erwecken.
Aber so alt er war, er fragte sich dies und das. Ein Drängen nach dem Sinn des Daseins warf sich ihm wiederholt entgegen: wer erfüllte ihn: der Herr, der rüstig schritt, den Schirm im Arm; die Hökerin, die vor dem Flieder saß, der Markt war aus, im Abendwehn; der Gärtner, der alle Namen wußte: Kirschlorbeer und Kakteen, und dem die rote Beere im toten Busch vorjährig war?
Aus der norddeutschen Ebene stammte er. In südlichen Ländern natürlich war der Sand leicht und lose; ein Wind konnte – das war nachgewiesen – Körner um die ganze Erde tragen; hier war das Staubkorn, groß und schwer.
Was hatte er erlebt: Liebe, Armut und Röntgenröhren; Kaninchenställe und kürzlich einen schwarzen Hund, der stand auf einem freien Platz, bemüht um ein großes rotes Organ zwischen den Hinterbeinen hin und her, beruhigend und gewinnend; herum standen Kinder, Blicke von Damen suchten das Tier, halbwüchsige Jugend wechselte die Stellung, den Vorgang im Profil zu sehen.
Wie hatte er das alles erlebt: er hatte Gerste eingefahren von den Feldern, auf Erntewagen, und das groß: Mandel, Kober und Kimme vom Pferd. Dann war der Leib eines Fräuleins voll Wasser und es galt Abfluß und Drainage. Aber über allem schwebte ein leises zweifelndes Als ob: als ob Ihr wirklich wäret Raum und Sterne.

Und nun? Ein grauer nichtssagender Tag würde es sein, wenn man ihn begrub. Die Frau war tot; das Kind weinte ein paar Tränen. Er hatte sich nie viel um es gekümmert, es war Lehrerin und mußte abends noch in Hefte sehen. Dann war es aus. Beeinflussung von Gehirnen durch und über ihn zu Ende. Es trat in ihr Recht die Erhaltung der Kraft.
Wie hieß er mit Vornamen? Werff.
Wie hieß er überhaupt? Werff Rönne.
Was war er? Arzt in einem Hurenhaus.
Was schlug die Uhr? Zwölf. Es war Mitternacht. Er wurde dreißig Jahre. In der Ferne rauschte ein Gewitter. In Maiwälder brach die Wolke auf.
Nun ist es Zeit, sagte er sich, daß ich beginne. In der Ferne rauscht ein Gewitter, aber *ich* geschehe. In Maiwälder bricht die Wolke auf, aber *meine* Nacht. Ich habe nördliches Blut, das will ich nie vergessen. Meine Väter fraßen alles, aus Trögen und Stall. Aber ich will mich, sprach er sich Mut zu, auch nur ergehen. Dann wollte er sich etwas Bildhaftes zurufen, aber es mißlang. Dies wieder fand er bedeutungsvoll und zukunftsträchtig: vielleicht sei schon die Metapher ein Fluchtversuch, eine Art Vision und ein Mangel an Treue.

Durch stille blaue Nebel, vom nahen Meer in das Land getrieben, schritt Rönne, als er am nächsten Morgen in sein Krankenhaus ging.
Das lag außerhalb der Stadt und aller Pflasterwege. Er mußte über Boden gehen, der war weich, der ließ Veilchen durch; gelöst und durchronnen schwankte er um den Fuß.
Da aus Gärten warf sich ihm der Krokus entgegen, die Kerze der Frühmett des Dichtermunds, und zwar gerade die gelbe Art, die Griechen und Römern der Inbegriff alles Lieblichen gewesen, was Wunder, daß sie ihn in das Reich der Himmlischen versetzten? In Teichen von Krokussäften badete der Gott. Ein Kranz von Blüten wehrte dem Rausch. Am Mittelmeer die Safranfelder: die dreiteilige Narbe; flache Pfannen; Roßhaarsiebe über Feuern, leicht und offen.

Er trieb sich an: arabisches Za-fara, griechisches Kroké. Es stellte sich ein Korvinius, König der Ungarn, der es verstanden hatte, beim Speisen Safranflecke zu vermeiden. Mühelos nahte sich der Färbestoff, das Gewürze, die Blütenmatte und das Alpental.

Noch hingegeben der Befriedigung, so ausgiebig zu assoziieren, stieß er auf ein Glasschild mit der Aufschrift: Cigarette Maita, beleuchtet von einem Sonnenstrahl. Und nun vollzog sich über Maita – Malta – Strände – leuchtend – Fähre – Hafen – Muschelfressen – Verkommenheiten – der helle klingende Ton einer leisen Zersplitterung, und Rönne schwankte in einem Glück. Dann aber betrat er das Hospital: ein unnachgiebiger Blick, ein unerschütterlicher Wille: die heute ihm entgegentretenden Reize und Empfindungen anzuknüpfen an den bisherigen Bestand, keine auszulassen, jede zu verbinden. Ein geheimer Aufbau schwebte ihm vor, etwas von Panzerung und Adlerflug, eine Art Napoleonischen Gelüstes, etwa die Eroberung einer Hecke, hinter der er ruhte, Werff Rönne, dreißigjährig, gefestigt, ein Arzt.

Ha, heute nicht einfach, Beine breit und herab vom Stuhl, mein Fräulein, die feine blaue Ader von der Hüfte in das Haar, die wollen wir uns merken! Ich kenne Schläfen mit diesen Adern, es sind schmale weiße Schläfen, müde Gebilde, aber diese will ich mir merken, geschlängelt, ein Ästchen Veilchenblut! Wie? Wenn nun das Gespräch auf Äderchen kommt – gepanzert stehe ich da, in Sonderheit auf Hautäderchen: An der Schläfe?? O meine Herren!! Ich sah sie auch an anderen Organen, fein geschlängelt, ein Ästchen Veilchenblut. Vielleicht eine Skizze gefällig? So verlief sie –, soll ich aufsteigen? Die Einmündung? Die große Hohlvene? Die Herzkammer? Die Entdeckung des Blutkreislaufes – – –? Nicht wahr, eine Fülle von Eindrücken steht Ihnen gegenüber? Sie tuscheln, wer ist der Herr? Gesammelt steht er da? Rönne ist mein Name, meine Herren. Ich sammle hin und wieder so kleine Beobachtungen; nicht uninteressant, aber natürlich gänzlich belanglos, kleiner Beitrag zum großen

Aufbau des Wissens und Erkennens des Wirklichen, ha! ha!

Und Sie, meine Damen, wir kennen uns doch! Gestatten Sie, daß ich Sie erschaffe, umkleide mit Ihren Wesenheiten, mit Ihren Eindrücken in mir, unzerfallen ist das Leitorgan, es wird sich erweisen, wie es sich erinnert, schon steigen Sie auf.

Sie sprechen den Teil an, den Sie lieben. In sein Auge sehen Sie, geben Seele und Hauch. – Sie haben die Narben zwischen den Schenkeln, ein Araberbey; große Wunden müssen es gewesen sein, gerissen von der lasterhaften Lippe Afrikas. – Sie aber schlafen mit der weißen ägyptischen Ratte, Ihre Augen sind rosarot; Sie schlafen auf der Seite, an der Hüfte das Tier. Seine Augen sind gläsern und klein wie zwei rote Kaviarkörner. In der Nacht befällt sie der Hunger. Über die Schlafende steigt das Tier. Auf dem Nachttisch steht ein Teller mit Mandeln. Leise steigt es zurück an die Hüfte, schnuppernd und stutzend. Oft erwachen Sie, wenn sich der Schwanz über die Oberlippe schlängelt, kühl und hager.

Einen Augenblick prüfte er in sich hinein. Aber machtvoll stand er da. Erinnerungsbild an Erinnerungsbild gereiht, dazwischen rauschten die Fäden hin und her.

Und Sie aus dem Freudenhaus in Aden, brütend an Wüste und Rotem Meer. Über die Marmorwände rinnt alle Stunde bläuliches Wasser. Aus Gittern am Boden steigen Wolken aus räucherndem Kraut. Alle Völker der Erde kennen Sie nach der Liebe. Ihre Sehnsucht ist ein bescheidenes Haus am dänischen Sund. Kommen letzte Wallungen, ein Billard, vor dem Knaben im leichten Anzug spielen. – Und Sie, in dem Bordell, durch das der Krieg gezogen, zwischen Geschirr und Leder täglich hundertfach zerborsten unter unbekannten Gliedern oder auch unter Ballen aus Blutungen und Kot.

Verklärt stand er vor sich selbst. Wie er es hervorspielte, ach, spielte! regenbogente! grünte! eine Mainacht ganz unnennbar! Er kannte sie alle. Gegenüber stand er ihnen,

sauber und ursprünglich. Er war nicht schwach gewesen. Starkes Leben blutete durch sein Haupt.
Er kannte sie alle; aber er wollte mehr. An ein sehr gewagtes Gebiet wollte er heran; es gab wohl ein Bewußtseinsleben ohne Gefühle oder hatte es gegeben, aber unsere Neigungen – dieses Satzes entsann er sich deutlichst – sind unser Erbteil. In ihnen erleben wir, was uns beschieden ist: nun wollte er eine lieben.
Er sah den Gang entlang, und da stand sie. Sie hatte ein Muttermal, erdbeerfarben, vom Hals über eine Schulter bis zur Hüfte und in den Augen, blumenhaft, eine Reinheit ohne Ende und um die Lider eine Anemone, still und glücklich im Licht.
Wie sollte sie heißen? Edmée, das war hinreißend. Wie weiter? Edmée Denso, das war überirdisch; das war wie der Ruf der neuen sich vorbereitenden Frau, der kommenden, der ersehnten, die der Mann sich zu schaffen im Gange war: blond, und Lust und Skepsis aus ernüchterten Gehirnen.
Also: nun liebte er. Er spürte in sich hinein: Das Gefühl. Den Überschwang galt es zu erschaffen gegen das Nichts. Lust und Qual zu treiben in den Mittag, in ein kahles graues Licht. Aber nun mußte es auch flirren! Es waren starke Empfindungen, denen er gegenüberstand. Er konnte in diesem Land nicht bleiben. –: Südlichkeiten! Überhöhung!
Edmée, in Luxor ein flaches weißes Haus oder in Kairo den Palast? Das Leben in der Stadt ist heiter und offen, berühmt ist das Licht, klar vor Glut, und plötzlich kommt die Nacht. Du hast unzählige Fellachenfrauen zu deiner Bedienung, zu Gesang und Tänzen. Du wirst zu Isis beten, die Stirn an Säulen lehnen, deren Kapitäle an den Ecken die platten Köpfe mit den langen Ohren tragen; zwischen Stelzvögeln in Schluchten von Sykomoren stehen.
Einen Augenblick suchte er. Es war etwas wie Kopthe aufgestiegen, aber er vermochte es nicht zu fördern. Nun sang er wieder, der Weiche im Glück.

Der Winter kommt, und die Felder grünen; einige Blätter des Granatstrauchs fallen, aber das Korn schießt auf vor deinen Augen. Was willst du haben: Narzissen oder Veilchen das Jahr hindurch in dein Bad geschüttet morgens, wenn du dich spät erhebst; willst du nachts durch kleine Nildörfer streichen, wenn auf die krummen Straßen die großen klaren Schatten fallen durch den hellen südlichen Mond? Ibiskäfige oder Reiherhäuser? Orangengärten, gelbflammend und Saft und Dunst über die Stadt wölkend in der Mittagsstunde; von Ptolomäertempeln einen geschnittenen Fries?

Er hielt inne. War das Ägypten? War das Afrika um einen Frauenleib, Golf und Liane um der Schultern Flut? Er suchte hin und her. War etwas zurückgeblieben?? War Hinzufügbares vorhanden? Hatte er es erschaffen: Glut, Wehmut und Traum?

Aber was für ein eigentümliches Wehen in seiner Brust! Eine Erregung, als ströme er hin. Er verließ das Untersuchungszimmer, durchschritt die Halle in den Park. Es zog ihn nieder, auf den Rasen zog es ihn, leichthingemäht.

Wie hat es mich müde gemacht, dachte er, mit welcher Stärke! Da durchschlug ihn, daß Erblassen die Frucht sei und die Träne der Schmerz –: Erschütterungen! Klaffende Ferne!

Üppig glühte der Park. Ein Busch auf dem Rasen trug Blattwerk wie Farren, jeder Fächer groß und fleischig wie ein Reh. Um jeden Baum, der blühte, lag die Erde, geschlossen, ein Kübel, ihn tränkend und ihm völlig preisgegeben. Himmel und Blüten: weich, aus Augen, kamen Bläue und Schnee.

– Schluchzender, Edmée, dir immer näher! Eine Marmorbrüstung beschlägt das Meer. Südlich versammelt Lilien und Barken. Eine Geige eröffnet dich bis in dein Schweigendes hinein. –

Er blinzelte empor. Er zitterte: Gegen den Rasen stürmte der Glanz, feucht aus einer goldenen Hüfte; und Erde, die den Himmel bestieg. Am Ranft gegen die Schatten rang

gebreitet das Licht. Hin und her war die Zunge einer Lockung: aus ihrem Gefieder Blütengüsse entwichen der Magnolie in ein Wehen, das vorüberrieb.
Edmée lachte: Rosen und helles Wasser.
Edmée ging: Durch Steige, zwischen Veilchen, in einem Licht von Inseln, aus osmiumblauen Meeren, kurz von Quader und Stern; Tauben, Feldflüchter, hackten Silber mit den Schwingen.
Edmée bräunte sich, ein bläuliches Oval. Vor Palmen spielte sie, sie hatte viel geliebt. Wie eine Schale trug sie ihre Scham kühl durch die Beugung des erwärmten Schritts, auf der Hüfte die Hand schwer, erntegelb, unter Korn und Samen.
Im Garten wurde Vermischung. Nicht mehr von Farben hallte das Beet, Bienengesumm nicht mehr bräunte die Hecke. Erloschen war Richtung und Gefälle: Eine Blüte, die trieb, hielt inne und stand im Blauen, Angel der Welt. Kronen lösten sich weich, Kelche sanken ein, der Park ging unter im Blute des Entformten. Edmée breitete sich hin. Ihre Schultern glätteten sich, zwei warme Teiche. Nun schloß sie die Hand, langsam, um einen Schaft, die Reife in ihrer Fülle, bräunlich abgemäht an den Fingern, unter großen Garben verklärter Lust – –:
Nun war ein Strömen in ihm, nun ein laues Entweichen. Und nun verwirrte sich das Gefüge, es entsank fleischlich sein Ich –:
– Es hallten Schritte über das Gefälle eines Tals durch eine flache weiße Stadt; dunkle Gärten schlossen die Gassen. Auf Simsen und Architraven, die zerfallend Götter und Mysterien herhielten, verteilt durch ein florentinisches Land, lagen Tropfen hellen Bluts. Ein Schatten taumelte zwischen Gliedern, die stumm waren, zwischen Trauben und einer Herde; ein Brunnen rann, ein splitterndes Spiel.
Im Rasen lag ein Leib. Aus Kellern spülte ein Dunst; es war Essenszeit, Pfeifen und Grieben, der schlechte Atem eines Sterbenden.
Aufsah der Leib: Fleisch, Ordnung und Erhaltung riefen.

Er lächelte und schloß sich wieder; schon vergehend sah er auf das Haus: was war geschehen? Welches war der Weg der Menschheit gewesen bis hierher? Sie hatte Ordnung herstellen wollen in etwas, das hätte Spiel bleiben sollen. Aber schließlich war es doch Spiel geblieben, denn nichts war wirklich. War er wirklich? Nein; nur alles möglich, das war er.
Tiefer bettete er den Nacken in das Maikraut, das roch nach Thyrsos und Walpurgen. Schmelzend durch den Mittag kieselte bächern das Haupt.
Er bot es hin: das Licht, die starke Sonne rann unaufhaltsam zwischen das Hirn. Da lag es: kaum ein Maulwurfshügel, mürbe, darin scharrend das Tier.

Was aber ist mit dem Morellenviertel, fragte er sich bald darauf? Hinter dem Palast, um dessen Pfeiler Lorbeer steht, brechen Gassen in die Tiefe, den Hang hinunter steht Haus bei Haus klein herab.
Einäugige lungern um Schneckenwagen. Sie legen Geld hin. Frauen kerben die Schale auf. Ein Schnitt im Kreis und das Fleisch hängt rosa aus der Muschel. Sie tauchen es in eine Tasse mit Brühe und beißen. Die Frau hustet, und sie müssen weiter.
Wahrsager mit Hilfe von Ideenübertragung klingeln unaufhörlich schrill namentlich an Damen gewandt und haben Batterien.
Zigeunerinnen vor Karren, Rochen, flacher, violett und silbern, mit abgehackten Köpfen; welche zur Hälfte gespalten, eingekerbt und zum Trocknen gehangen; dazwischen krumme, dürre Fische, kupfern und schillernd.
Es riecht nach Brand und alten Fetten. Unzählige Kinder verrichten ihre Notdurft, ihre Sprache ist fremd.
Was ist es mit dem Morellenviertel, fragte sich Rönne. Ich muß es bestehen! Auf! Hinab! Ich schwor mir, nie will ich dieses Bild vergessen: des Sommers, der eine Mauer schlug mit Büschen, flammend von Gefieder, mit Strauchgerten,

beißend von dichten, blauen Fleischen, gegen eine Mauer, die nicht strömte, die feuchte, blaue Ranke!

Er jagte herunter. Um die hohe Gasse rann es zusammen: kleine Häuser, unterwühlt von langen, schmalen Höhlen, die spieen Gebein aus, Junges strotzend, Altes mürbe, hochgegürtet die Scham.

Was wurde verkauft: Holzpantoffeln für die Notdurft, grüne Klöße für das Ich, Ankerschnäpse für die Lust, Nötigstes des Leibes und der Seele, Salbenbüchsen und Madonnen.

Was ging vor sich: kleine Kinder vor Knieenden, dicht, eben ihrer Brust entsprungen; rauhe Stimmen, verkommen über verbranntes Gestein; tiefer als denkbar grub ein Herr in die Tasche; Schädel, eine Wüste, Leiber, eine Gosse, tretend Erde, kauend: Ich und du.

Auge, fernevolles, Blut, traumrauschend, rief er sich zu, deine Mittagsflüge, wehe sie! muß Rönne schon vergehen, unverschanzt?:

Große Woge ist die Frau, gute Mutter, die die Fische wendet hin und her, auf dem Rücken sind sie braun gefleckt, Bröckel Blütenstaub und Samenpulver?

Eines Rahmens wert erschien das schlichte Bild: Einbrecher, böser Mann am Kassentisch, die brave Besitzerin niedergeschlagen, letzter Blick vom Boden gilt dem Hund??:

Und du ins Gras gelümmelt, Mittagshengst – und jetzt schon Überwölkung??? Dreißigjährig – und Kahlkropf ungefiedert??

Er floh tiefer in die Gasse. Aber da: ein kleines Denkmal: dem Gründer eines Jugendstifts: die Menschenseele, das Gemeinsystem, die Lebensverlängerung und der Stadtrat strotzten Vollbart und Vermehrung. Der Aufbau tat sich auf: Proben der Tüchtigkeit wurden abgelegt und zwar dies wiederholt, Untersuchungen vorgenommen, die zu Feststellungen führten.

Wo war sein Süden hin? Der Efeufelsen? Der Eukalyptos, wo am Meer? Ponente, Küste des Niedergangs, silberblaue die Woge her!

Er hetzte in eine Kaschemme; er schlug sich mit Getränken heißen, braunen. Er legte sich auf die Bank, damit der Kopf nach unten hinge wegen der Schwerkraft und des Bluts. Hilfe, schrie er! Überhöhung!
Stühle, Gegenstände für Herren, die bei nach vorn gebogenen Knien einen Stützpunkt unter der Hinterfläche der Beine haben wollten, trockneten dumpf und nördlich. Tische für Gespräche wie diese: Na, wie geht's, schelmisch und männlich und um die Schenkel herum liefen ehrbar durch die Zeit. Kein Tod schleuderte die triefäugige Mamsell stündlich, wenn die Uhr schlug, vor das Nichts. Krämer scharrten; keine Lava über den toten Schotter!
Und er? Was war er? Da saß er zwischen seinen Reizen, das Pack geschah mit ihm. Sein Mittag war Hohn.
Wieder quoll das Gehirn herauf, der dumpfe Ablauf des ersten Tages. Immer noch zwischen seiner Mutter Schenkel – so geschah er. Wie der Vater stieß, so rollte er ab. Die Gasse hatte ihn gebrochen, zurück: die Hure schrie.
Schon wollte er gehen, da geschah ein Ton. Eine Flöte schlug auf der grauen Gasse, zwischen den Hütten blau ein Lied. Es mußte ein Mann gehen, der sie blies. Ein Mund war tätig an dem Klang, der aufstieg und verhallte. Nun hub er wieder an.
Von Ohngefähr. Wer hieß ihn blasen? Keiner dankte ihm. Wer hätte denn gefragt, wo die Flöte bliebe? Doch wie Gewölke zog er ein: wehend seinen weißen Augenblick und schon verwehend in alle Schluchten der Bläue.
Rönne sah sich um: verklärt, doch nichts hatte sich verändert. Aber ihm: bis an die Lippen stand das Glück. Sturz auf Sturz, Donner um Donner; rauschend das Segel, lohend der Mast: Zwischen kleinen Becken dröhnte gestreckt das Dock: Groß glühte heran der Hafenkomplex:
Über die Felsen steigt das Licht, schon nimmt es Schatten an, die Villen schimmern und der Hintergrund ist bergerfüllt. Eine schwarze Rauchpinne verfinstert die Mole, indes mit der gekräuselten Welle das winzige Lokalboot kämpft. Über die Landungsbrücke, die schwankt, eilt der geschäftige

Facchini; Hojo – tirra – Hoy –, klingt es; es flutet der volle Lebensstrom. Gegen tropische und suptropische Striche, Salzminen und Lotosflüsse, Berberkarawanen, ja gegen den Antipoden selbst steht der Schiffsbauch gerichtet; eine Ebene, die die Mimose säumt, entleert rötliches Harz, ein Abhang zwischen Kalkmergel, den fetten Ton. Europa, Asien, Afrika: Bisse, tödliche Wirkungen, gehörnte Vipern; am Kai das Freudenhaus tritt dem Ankömmling entgegen, in der Wüste schweigend steht das Sultanhuhn. –

Noch stand es schweigend, schon geschah ihm die Olive.

Auch die Agave war schön, aber die Taggiaska kam, feinölig, die blauschwarze, schwermütig vor dem Ligurischen Meer.

Himmel, selten bewölkt; Rosen ein Gefälle; durch alle Büsche der blaue Golf, aber die endlosen lichten Wälder, welch ein schattenschwerer Hain!

Wurde um den Stamm das Tuch gebreitet, lag Arbeit vor. Gemisch von Hörnern, Klauen, Ledern und wollenen Lumpen, jedes vierte Jahr war Speisung gewesen. Jetzt aber schlugen Männer, sonst dem Kegelspiel mit spannungsvollem Eifer hingegeben, die Kronen, jäh den Früchten zugewandt.

In der Mulme der Rüsselkäfer. Eine Zygäne flackernd aus der Myrte. Kleine Presse wird gedreht, schieferner Keller still durchgangen. Ernte naht sich, Blut der Hügel, um den Hain, bacchantisch, die Stadt. –

Kam Venedig, rann er über den Tisch. Er fühlte Lagune, und ein Lösen, schluchzend. Scholl dumpf das Lied aus alten Tagen des Dogen Dandolo, stäubte er in ein warmes Wehn.

Ein Ruderschlag: Ein Eratmen; eine Barke: Stütze des Haupts.

Fünf eherne Rosse, die Asien gab, und um die Säulen sang es: manchmal eine Stunde, da bist Du; der Rest ist das Geschehen. Manchmal die beiden Fluten schlagen hoch zu einem Traum. Manchmal rauscht es: wenn Du zerbrochen bist.

Rönne lauschte. Tieferes mußte es noch geben. Aber der Abend kam schnell vom Meer.

Blute, rausche, dulde, sagte er vor sich hin. Männer sahen ihn an. Jawohl, sagte er, ihre Sommersprossen, ihr kahler Hals, über dessen Adamsapfel das Haar stachelt – unter meine Kreuzigung, ich will zur Rüste gehen.

Er bezahlte rasch und erhob sich. Aber an der Tür nahm er den Blick noch einmal zurück an das Dunkel der Taverne, an die Tische und Stühle, an denen er so gelitten hatte und immer wieder leiden würde. Aber da, aus dem gerippten Schaft des Tafelaufsatzes neben der leckäugigen Frau glühte aus großem, sagenhaftem Mohn das Schweigen unantastbaren Landes, rötlichen, toten, den Göttern geweiht. Dahin ging, das fühlte er tief, nun für immer sein Weg. Eine Hingebung trat in ihn, ein Verlust von letzten Rechten, still bot er die Stirn, laut klaffte ihr Blut.

Es war dunkel geworden. Die Straße nahm ihn auf, darüber der Himmel, grüner Nil der Nacht.

Über das Morellenviertel aber klang noch einmal der Ton der Flöte: manchmal die beiden Fluten schlagen hoch zu einem Traum.

Da enteilte ein Mann. Da schwang sich einer in seine Ernte, Schnitter banden ihn, gaben Kränze und Spruch. Da trieb einer, glühend aus seinen Feldern, unter Krone und Gefieder, unabsehbar: er, Rönne.

ENDE.

# Zur Gestalt der Ausgabe

Der Text der vorliegenden Ausgabe folgt in Wortlaut und Anordnung Gottfried Benns erster Sammelausgabe der Rönne-Novellen in Kurt Wolffs Reihe »Der jüngste Tag« (Bd. 35, Leipzig Oktober 1916). Er wurde kritisch überprüft und von Korruptelen gereinigt. Sämtliche Emendationen des Herausgebers sind im Variantenapparat verzeichnet.

Zum ersten Mal konnte das von Dieter Wellershoff in den Gesammelten Werken (Wiesbaden: Limes Verlag 1959 ff.) verwertete textkritische Material um drei weitere Drucke erweitert werden:

1. Den Druck der Titelnovelle »Gehirne« in: Die neue Dichtung. Ein Almanach. Mit 9 Bildbeigaben von Ludwig Meidner. Leipzig: Kurt Wolff 1918, S. 94–103;
2. Die zweite Auflage der im »Jüngsten Tag« erschienenen Sammelausgabe: Gehirne. Novellen von Gottfried Benn. Leipzig: Kurt Wolff o. J. (Copyrightnachweis: 1916); Angaben nach dem Privatexemplar von Ludwig Dietz in Horb;
3. Die erste, auf Grund einer einstweiligen Verfügung Kurt Wolffs nicht ausgelieferte Auflage der Gesammelten Schriften, Berlin: Erich Reiss 1922, S. 47–85; Angaben nach dem Widmungsexemplar Egon Seyerlen im Besitz des Deutschen Literaturarchivs in Marbach.

Der Druck in Kurt Wolffs Almanach läßt sich – wie mir Ludwig Dietz mündlich mit Hinweis auf die künftige Neuauflage seiner Kafka-Bibliographie mitteilte – genauer auf November/Dezember 1918 datieren. Der Grad seiner Autorisierung ist vermutlich gering. Der Druck trägt den Vermerk »Aus dem Band ›Gehirne‹«, ist also ein Nachdruck, und Benn, dem es gleichgültig war, »ob irgendwo ein Komma steht oder eine Klammer«, hat sicher nicht Korrektur gelesen. Die zweite Auflage der »Gehirne« im »Jüngsten Tag«, die trotz geänderter Paginierung den (mit einer geringfügigen Ausnahme) gleichen Satzspiegel wie die erste Auflage aufweist, autorisierte Benn zumindest post festum, als er sie als Druckvorlage für die Gesammelten Schriften von 1922 heranzog. Für ihre Datierung gelten die von Dietz in seiner Bibliographie des »Jüngsten Tag« (Philobiblon VII/1963, S. 96 ff.) systematisierten Kriterien: Da das Bändchen keinen Zensurstempel aufweist, der zwischen Mai 1917 und Kriegsende allen Exemplaren eingedruckt gewesen sein mußte, und als Erscheinungsort Leipzig

genannt wird (Wolff zog erst im Sommer 1919 nach München), kann die zweite Auflage entweder nur kurz nach der ersten – also zwischen Oktober 1916 und Mai 1917 – oder zwischen November 1918 und Sommer 1919 erschienen sein. – Für die zweite Alternative sprechen textkritische Überlegungen: Der Druck der Titelnovelle im Almanach unterscheidet sich von der ersten Auflage in der Reihe »Der jüngste Tag« ausschließlich durch Minimalvarianten; sämtliche Varianten der zweiten Auflage fehlen im Almanach, sie erscheinen jedoch fast alle in der ersten Auflage der Gesammelten Schriften von 1922. Die Vermutung liegt also nahe (wenn sie auch nicht eindeutig zu belegen ist), daß die zweite Auflage des im »Jüngsten Tag« erschienenen Bändchens erst nach dem Almanach, also in der ersten Hälfte des Jahres 1919 gedruckt wurde. So läßt sich auch erklären, warum Kurt Wolff beim Erscheinen der Gesammelten Schriften zu der einschneidenden Maßnahme einer einstweiligen Verfügung griff, die dazu führte, daß sämtliche Rönne-Novellen aus dem bereits ausgedruckten Band wieder entfernt und durch Gedichte und die Novelle »Diesterweg« ersetzt werden mußten: Seine zweite Auflage war noch nicht vollständig abgesetzt, als Erich Reiss die Gesammelten Schriften herausbrachte. Ein Verlagsverzeichnis Kurt Wolffs nennt sie noch 1926 unter den lieferbaren Titeln.
Unberücksichtigt blieben in dieser Ausgabe folgende Drucke: Der Geburtstag (in Auszügen). In: Der Orkan I (1917) S. 34–36; Dr. Rönne. Frühe Prosa. Hrsg. mit Anmerkungen von Ernst Nef. Zürich: Verlag der Arche 1950; Gehirne. In: Provoziertes Leben. Frankfurt a. M. 1955, S. 5–10 (Ullstein Buch Nr. 54). Es handelt sich um Nachdrucke, deren Auswahl und Textgestalt Benn nicht überwacht hat. Die Varianten der in Wolffs Almanach »Die neue Dichtung« abgedruckten und sehr wahrscheinlich auch nicht autorisierten Fassung der Titelnovelle wurden dagegen verzeichnet, damit der Benützer dieser Ausgabe die Datierung der zweiten Auflage des im »Jüngsten Tag« erschienenen Bändchens überprüfen kann.
Die chronologische Siglierung der Drucke bezieht sich jeweils auf die einzelne Novelle. Ein und dieselbe Buchausgabe ist also, wie aus der tabellarischen Übersicht hervorgeht, notwendig verschieden sigliert. Die Überlieferungsträger und ihre Siglen sind zu Beginn des jeweiligen Einzelapparates zusammengefaßt. Die Varianten (mit Ausnahme ss/ß; oe/ö; c/k/z) sind in einem Lemmaapparat synoptisch verzeichnet.

# Im Apparat erfaßte Drucke
## Übersicht

<table>
<tr><th>Gehirne</th><th>Die Eroberung</th><th>Die Reise</th><th>Die Insel</th><th>Der Geburtstag</th></tr>
<tr><td>D 1: 210–214<br>Weiße Blätter<br>II, 2 (1915)</td><td></td><td></td><td></td><td></td></tr>
<tr><td></td><td>D 1: 950–956<br>Weiße Blätter<br>II, 8 (1915)</td><td></td><td></td><td></td></tr>
<tr><td></td><td></td><td>D 1: 244–251<br>Weiße Blätter<br>III, 6 (1916)</td><td></td><td></td></tr>
<tr><td>D 2: 3–9</td><td>D 2: 10–17</td><td>D 2: 18–27</td><td>D 1: 28–39</td><td>D 1: 40–53</td></tr>
<tr><td colspan="5">Gehirne. Novellen von Gottfried Benn. Leipzig: Kurt Wolff,<br>Bd. 35 der Bücherei »Der jüngste Tag«, Oktober 1916</td></tr>
<tr><td></td><td></td><td></td><td>D 2: 241–251<br>Weiße Blätter<br>III, 12 (1916)</td><td></td></tr>
<tr><td>D 3: 94–103<br>Die neue<br>Dichtung,<br>1918</td><td></td><td></td><td></td><td></td></tr>
<tr><td>D 4: 5–11</td><td>D 3: 12–19</td><td>D 3: 20–29</td><td>D 3: 30–41</td><td>D 2: 42–55</td></tr>
<tr><td colspan="5">Gehirne. Novellen von Gottfried Benn. Leipzig: Kurt Wolff,<br>Bd. 35 der Bücherei »Der jüngste Tag«, o. J. (1919)</td></tr>
<tr><td rowspan="2">D 5: 47–53<br>Gesammelte<br>Schriften<br>1922, 1. Aufl.</td><td rowspan="2"></td><td>D 4: 53–61</td><td>D 4: 62–72</td><td>D 3: 73–85</td></tr>
<tr><td colspan="3">Gesammelte Schriften, Berlin:<br>Erich Reiss 1922, 1. Auflage</td></tr>
<tr><td>D 6: 5–14</td><td>D 4: 29–40</td><td>D 5: 15–28</td><td rowspan="2"></td><td rowspan="2">D 4: 41–68<br>Gesammelte<br>Prosa 1928</td></tr>
<tr><td colspan="3">Gesammelte Prosa, Potsdam:<br>Kiepenheuer 1928</td></tr>
<tr><td>D 7: 77–84</td><td>D 5: 85–94</td><td>D 6: 49–60</td><td rowspan="2"></td><td rowspan="2">D 5: 61–76<br>Frühe Prosa<br>und Reden<br>1950</td></tr>
<tr><td colspan="3">Frühe Prosa und Reden, Wiesbaden:<br>Limes 1950</td></tr>
</table>

# Textkritischer Apparat

*GEHIRNE Drucke: D 1: Die weißen Blätter II, 2 (1915) S. 210 bis 214; D 2: Gehirne. Novellen von Gottfried Benn. Leipzig: Kurt Wolff, Bd. 35 der Bücherei »Der jüngste Tag«, Oktober 1916, S. 3–9 = Text; D 3: Die neue Dichtung. Ein Almanach. Mit 9 Bildbeigaben von Ludwig Meidner. Leipzig: Kurt Wolff 1918, S. 94 bis 103; D 4: Gehirne. Novellen von Gottfried Benn. Leipzig: Kurt Wolff, Bd. 35 der Bücherei »Der jüngste Tag«, o. J. (1919), S. 5–11; D 5: Gesammelte Schriften, Berlin: Erich Reiss 1922, 1. Auflage, S. 47–53; D 6: Gesammelte Prosa, Potsdam: Kiepenheuer 1928, S. 5–14; D 7: Frühe Prosa und Reden, Wiesbaden: Limes Verlag 1950, S. 77–84)*

*3,1: datiert* (1916) *D 6,* (1914) *D 7 – Motto:* »Wer glaubt, daß man mit Worten lügen könne, könnte meinen, daß es hier geschähe.« *D 6, D 7 – 3,2:* fuhr] fuhr im Sommer vorigen Jahres *D 1 – 3,4:* verbracht;] verbracht, *D 3 – 3,16:* herunterfließt] herumfließt *D 4, D 5 – 3,30:* Einsamkeit] Einsamkeit, *D 5 – 4,9:* Arzt] Arzt, *D 5, D 7 – 4,11:* Seelische] seelische *D 4 –* Unfall] Unfall, *D 5 – 4,12:* Holzbrettchen] Holzbrettchen, *D 7 – 4,21:* fernere] ferne *D 4, D 5 – 4,23:* dieses] des *D 3 – 4,37:* überall] überall, *D 5 – 5,5:* diesem] dem *D 6, D 7 – 5,31:* endlos;] endlos, *D 3 – 5,32:* ist] ist die *D 1, D 6, D 7 – 6,4:* auf] auf, *D 5 – 6,5:* anderen] andern *D 3 –* Schwestern;] Schwestern, *D 5 – 6,19:* lagen] lagen, *D 5 – 6,28:* Geschehen] Geschehenen *D 1 – 7,9:* seien] seien, *D 5 – 7,12:* handele] handelte *D 4, D 5 – 7,16:* gegenüber;] gegenüber, *D 3 – 7,24* hören:] hören; *D 3 – 7,25: Absatz fehlt D 6 – 8,1:* zurückgerufen;] zurückgerufen, *D 7 – 8,7:* darnach] danach *D 3 – 8,14:* wieder –] wieder, – *D 6 – 8,15:* müde –] müde, – *D 6 – 8,16:* Mittagsturz] Mittagssturz *D 3, D 4, D 5*

*DIE EROBERUNG Drucke: D 1: Die weißen Blätter II, 8 (1915) S. 950–956; im Inhaltsverzeichnis der Zeitschrift mit dem Untertitel* ›Ein Stück Tagebuch‹ *angekündigt; D 2: Gehirne. Novellen von Gottfried Benn. Leipzig: Kurt Wolff, Bd. 35 der Bücherei »Der jüngste Tag«, Oktober 1916, S. 10–17 = Text; D 3: Gehirne. Novellen von Gottfried Benn. Leipzig: Kurt Wolff, Bd. 35 der Bücherei »Der jüngste Tag«, o. J. (1919), S. 12–19; D 4: Gesammelte Prosa, Potsdam: Kiepenheuer 1928, S. 29–40; D 5: Frühe Prosa und Reden, Wiesbaden: Limes Verlag 1950, S. 85–94*

*8,19: datiert* (1917) *D 5 – Motto:* »Ich wollte eine Stadt erobern, nun streicht ein Palmblatt (Palmenblatt *D 5)* über mich hin.« *D 4, D 5 – 8,28* Eroberung] Erstürmung *D 4, D 5 – 8,30:* ihre Hütten] ihren Hüten *D 1 – 9,30:* ja] ja, *D 5 – 10,4: fehlt* das tiefe, gedehnte Glück. *D 4 – fehlt* sich, – das tiefe, gedehnte Glück *D 5* – Nehmt] nehmt *D 4 – 10,12: fehlt* zu sein *D 4, D 5 – 10,21:* Weide,] Weide *D 3* – runde] runde, *D 5 – 10,23: fehlt* entstehen kann *D 4, D 5 – 10,24:* zwei] zwei, *D 5 – 10,27: fehlt* o *D 5* – ich die Zahl] ich die Zahlen *D 5 – 11,5:* beabsichtige] beabsichtige *D 3 – 11,8:* Männern] Männern, *D 1 – 11,9:* gelegentlich] gelegentlich offenbar *D 4, D 5 – 11,16:* bevorstehender] bevorstehenden *D 5 – 11,17:* nachzuholen] nachzuholen, *D 1 – 11,19:* Recht] recht *D 5 – 11,27:* Ouverture, –] Ouvertüre –, *D 5 – 11,28:* Bureau] Büro *D 5 – 11,32:* lassen –,] lassen – *D 5* – Herzen, –] Herzen – *D 5 – 12,18:* In-] *emendiert aus* Inn- – *12,27:* bahnbrechend] Bahn brechend *D 1 – 13,20:* aller] aller der *D 1 – 13,21:* das Mythische] der Mythische *D 4 – 13,25:* Lauten.] Lauten, *D 5 – 13,31:* halb, und] halb und, *D 1 – 14,20:* gleiche] gleiche, *D 5 – 14,24:* herschleifend,] herschleifend *D 5 – 14,27:* Tänzer, –] Tänzer – *D 5 – 15,6: folgt doppelter Absatz D 5*

*DIE REISE Drucke: D 1: Die weißen Blätter III, 6 (1916), S. 244 bis 251; D 2: Gehirne. Novellen von Gottfried Benn. Leipzig: Kurt Wolff, Bd. 35 der Bücherei »Der jüngste Tag«, Oktober 1916, S. 18–27 = Text; D 3: Gehirne. Novellen von Gottfried Benn. Leipzig: Kurt Wolff, Bd. 35 der Bücherei »Der jüngste Tag«, o. J. (1919), S. 20–29; D 4: Gesammelte Schriften, Berlin: Erich Reiss 1922, 1. Auflage, S. 53–61; D 5: Gesammelte Prosa, Potsdam: Kiepenheuer 1928, S. 15–28; D 6: Frühe Prosa und Reden, Wiesbaden: Limes Verlag 1950, S. 49–60*

*15,11: datiert* (1916) *D 6 – Motto:* »Sinnlos und das Ende um allen Saum.« *D 5, D 6 – 15,15:* Nach Antwerpen] Nach Antwerpen, *D 1 – 15,17:* Er] Es *D 1, D 5, D 6 – 15,21:* wurde] würde *D 1 – 15,24:* Scheldequais] Scheldekais *D 3, D 4 – 16,7:* Verrichtung,] Verrichtung; *D 1 – 16,14:* Nein] Nein, *D 3, D 4 – 16,22: einfacher Absatz D 1 – 16,23:* Durch] Durch die *D 4 – 16,26:* Friedhoff] Jansen *D 1 – 17,1:* Herr] *emendiert aus* Herrn *D 2, D 3 – 17,4:* Außerdem] Außerdem, *D 4 – 17,5:* Offenberg] Offenburg *D 3, D 4 – 17,8 f.:* Derartiges] derartiges *D 3, D 4, D 6 – 17,22:* Herr] *emendiert aus* Herrn *D 1, D 2, D 3, D 5* – Friedhoff] Jansen *D 1 – 17,22 f.:* Kongokenner??] Kongokenner? *D 1, D 5, D 6 – 17,23:* Nein,] Nein *D 1 – 17,26:* Eine] eine *D 1* – oder eine] oder *D 5 – 17,30:* wirklich] Wirklich *D 4,* »wirklich *D 5, D 6* – bemerkt?] bemerkt?« *D 5, D 6 – 17,33:* er;] er, *D 4* – ob] Ob *D 1 – 18,9:* brach aus] in ihm *D 5, D 6 – 18,11:* ein;] ein: *D 6 – 18,26:* zugeben;] zugeben: *D 1, D 5, D 6 – 18,28:* verholfen,] verholfen; *D 1 – 18,29: einfacher Absatz D 1 – 18,31:* sank] sank, *D 1 – 19,7:* hinterlassen;] hinterlassen, *D 1 – 19,8:* von] von den *D 6* – Gelände.] Gelände! *D 1 – 19,9:* Avenuen waren da,] Avenuen, *D 5 – 19,10:* Daphneen] Daphnen *D 3, D 4 – 19,12:* Mensch] Mensch, *D 1, D 3, D 4, D 6 – 19,23: Absatz fehlt D 5 – 19,30:* Schatten] Schattens *D 4, D 6* – mächtig,] mächtig *D 1, D 4 – 19,34:* Gebäude;] Gebäude, *D 1* – Haus] Haus, *D 1* – Baum] Baum, *D 1 – 19,35:* Vermittelung] Vermittlung *D 1* – handele] handelte *D 6 – 20,10:* hatte er sie] hatte sie er *D 1 – 20,13:* zuweit] zu weit *D 1, D 4, D 5, D 6* – Feld] Feld, *D 1 – 20,22:* Gemeinwohl;] Gemeinwohl, *D 5 – 20,25–21,2: fehlt D 5, D 6 – 20,36:* Verhüllung;] Verhüllung *D 3, D 4 – 21,3:* ha,] ha *D 4* – Wetter] Wetter, *D 1 – 21,5:* Rönne.] *folgt Absatz D 6 – 21,13:* Unerschütterliche!] Unerschütterliche? *D 1, D 6 – 21,17:* strichen] strichen, *D 1 – 21,18:* Küsten,] Küsten *D 6 – 21,20:* Uhr. Um] Uhr; um *D 1 – 21,21:* Hand. Die] Hand; die *D 1 – 21,22:* silbern] silbern, *D 1 – 21,35:* Vergehn! –] Vergehn! *D 1, D 5 – 22,2:* irgendwoher] irgend woher *D 1 – 22,3:* Rand] Land *D 1 – 22,4:* Äcker,] Äcker; *D 1 – 22,13:* Zusammenschluß;] Zusammenschluß, *D 6 – 22,22:* Stamms] Stammes *D 3, D 4 – 22,29 f.:* Silberbart:] Silberbart! *D 4 – 22,31: folgt Absatz D 6 – 23,11:* erschuf] er schuf *D 1*

*DIE INSEL Drucke: D 1: Gehirne. Novellen von Gottfried Benn. Leipzig: Kurt Wolff, Bd. 35 der Bücherei »Der jüngste Tag«, Oktober 1916, S. 28–39 = Text; D 2: Die weißen Blätter III, 12 (1916), S. 241–251; D 3: Gehirne. Novellen von Gottfried Benn. Leipzig: Kurt Wolff, Bd. 35 der Bücherei »Der jüngste Tag«, o. J. (1919), S. 30–41; D 4: Gesammelte Schriften, Berlin: Erich Reiss 1922, 1. Auflage, S. 62–72*

*23,15: Untertitel:* NOVELLE *D 2 – 23,22:* Meer –] Meer, – *D 2 – 23,24:* Vogelhort] Vögelhort *D 2 – 23,28:* ummäuerte] ummauerte *D 2 – 23,31:* Bläue] Bläue, *D 3, D 4 – 24,6:* die] sie *D 2 – 24,18:* Hütte,] Hütte *D 2 – 24,20:* das] das, *D 4 – 24,29:* saßen] aßen *D 3, D 4 – 24,31:* Niemals!] Niemals? *D 4 – 24,32:* Mann?!] Mann! *D 2 – 24,35:* nahm?] nahm! *D 4 – 25,9:* Entborkung,] Entborkung. Es begänne die Entborkung, *(sic) D 2 – 25,14:* indeß] indes *D 2, D 3, D 4 – 25,16:* heran] heran, *D 3, D 4* – Hände,] Hände. *D 2 – 25,18:* erwiesen,] erwiesen; *D 2 – 25,22:* hatte] hatte, *D 2, D 3, D 4 – 25,25:* Boden,] Boden *D 4 – 25,33:* im blauen] in blauem

*D 2 – 26,3:* er] er, *D 2* – eben] eben, *D 2 – 26,13:* Die] die *D 4 – 26,23:* Wesenheit] Wesenheiten *D 2 – 26,24:* Tang] Tag *D 3, D 4 – 27,3:* Nil] *emendiert aus* Niel *D 1, D 3* – Geigenvölker – –] Geigenvölker –, *D 2 – 27,6 f.:* Geschlechtlichkeiten] Geschlechtlichkeiten, *D 2 – 27,16:* floß. Die] floß; die *D 2 – 27,29:* das?] das! *D 4 – 27,32:* Sommers«,] Sommers,« *D 3, D 4 – 27,37:* schlief] schlief – *D 2* – treue Stunden – –] treuer Stunden – *D 2 – 28,2:* angeblüht!:] angeblüht! *D 4 – 28,3:* Du! – –] Du! – *D 2 – 28,6:* er,] er *D 2 – 28,7:* nach der] der *D 3, D 4 – 28,8:* Gegebene?] Gegebene! *D 3, D 4 – 28,22:* blau] blaut *D 2, D 4 – 28,35:* gebildet: –] gebildet – *D 2 – 28,36:* Verarbeitungsbehälter] Verarbeitungsbehälter, *D 3* – was war und] *emendiert aus* was und *nach D 2, während D 4 auf* was *verkürzt – 29,2 f.:* Verknüpfung.] Verknüpfung; *D 2 – 29,3:* Ende,] Ende – *D 2 – 29,4:* Zimtwälder. In] Zimtwälder; in *D 2 – 29,18:* Ende;] Ende, *D 2, D 4* – er,] er; *D 4 – 29,23:* Wochen] Woche *D 2 – 29,26 f.:* kennen lernen:] kennenlernen, *D 4 – 29,32:* unverrückbar] unverrückbar, *D 2 – 29,35:* Kristalle] Kristalle, *D 2, D 3, D 4 – 30,4:* Liebe, und] Liebe. Und *D 2 – 30,8:* Stellung;] Stellung, *D 2, D 3, D 4 – 30,9:* Bestände.] Bestände: *D 2 – 30,12:* die] dies *D 2 – 30,17:* zugänglich;] zugänglich: *D 2 – 30,24:* meinerseits!] meinerseits? *D 3, D 4 – 30,25:* Fester] fester *D 2 – 30,34:* Sinnlose] Sinnlose, *D 3, D 4 – 30,37:* angesehendsten] angesehensten *D 2, D 3, D 4 – 31,10:* er, Rönne,] er Rönne *D 2 – 31,17:* Titelblatt] Titelblatt, *D 2 – 31,20:* eine neue] eine *D 2 – 31,31 f.:* Entwickelungsgedankens] Entwicklungsgedanken *D 4 – 31,35 f.:* bedrohlich –] bedrohlich –: *D 2 – 32,9:* zitterte;] zitterte *D 2 – 32,23:* kleinem] kleinen *D 4 – 32,27:* blutete – – – ] blutete – – *D 2 – 32,29 f.:* Garten, ordnend die Büsche, messend den Pfad. Und nun] Garten. Starr standen die Büsche. Jetzt *D 2 – 32,32:* stets; er] stets. Er *D 2 – 32,35:* Abend] Abend, *D 4 – 33,2:* Anstaltgebäudes] Anstaltsgebäudes *D 4*

*DER GEBURTSTAG Drucke: D 1: Gehirne. Novellen von Gottfried Benn. Leipzig: Kurt Wolff, Bd. 35 der Bücherei »Der jüngste Tag«, Oktober 1916, S. 40–53 = Text; D 2: Gehirne. Novellen von Gottfried Benn. Leipzig: Kurt Wolff, Bd. 35 der Bücherei »Der jüngste Tag«, o. J. (1919), S. 42–55; D 3: Gesammelte Schriften, Berlin: Erich Reiss 1922, 1. Auflage, S. 73–85; D 4: Gesammelte Prosa, Potsdam: Kiepenheuer 1928, S. 41–68; Frühe Prosa und Reden, Wiesbaden: Limes Verlag 1950, S. 61–76*

*33,5: datiert* (1916) *D 5 – Motto:* »Manchmal eine Stunde das

(Stunde, da *D 5)* bist Du; der Rest ist das Geschehen. Manchmal die beiden Stunden schlagen hoch zu einem Traum.« *D 4, D 5 – 33,6 f.:* geworden] geworden, *D 3 – 33,7:* darnach] danach *D 3 – 33,12:* Hökerin] Höckerin *D 2 – 33,28:* das] das war *D 5 – 33,30:* Wasser] Wasser, *D 2, D 3 – 34,3 f.:* Er hatte sich nie viel um es gekümmert, es war] Es war wohl *D 4;* Es war *D 5 – 34,14: ich] emendiert aus* i ch; ich *D 2, D 3 – 34,26:* Er] Es *D 3 – 34,28:* Fuß] Fluß *D 3 – 34,35:* Narbe;] Narbe, *D 4 – 34,36:* Pfannen;] Pfannen, *D 4 – 35,1:* Es] Er *D 3 – 35,2:* Korvinius] Corvinus *D 3 – 35,9 f.:* Strände – leuchtend – Fähre – Hafen] *fehlt D 4 – 35,10:* Muschelfressen] Muschelfresser *D 4, D 5 – 35,10 f.:* der helle klingende] heller klingender *D 4 – 35,25:* Veilchenblut!] Veilchenblut? *D 2, D 3 – 35,29:* sie –,] sie – *D 5 – 35,36:* gänzlich] ganz *D 4, D 5 – 36,10:* Araberbey;] Araberbey: *D 2, D 3 – 36,13:* Ihre] ihre *D 5 – 36,14 f.:* wie zwei] wie *D 4, D 5 – 36,23: folgt doppelter Absatz D 5 – 36,36:* ach,] ach *D 5 – 37,3:* wollte] wollte nicht *D 4 – 37,8: folgt doppelter Absatz D 5 – 37,11:* Hüfte] Hüfte, *D 5 – 37,21:* erschaffen] verschaffen *D 4 – 37,25:* bleiben. –:] bleiben –: *D 3 – 37,35:* Kopthe] Kopte *D 5 – 38,1:* kommt,] kommt *D 5 – 38,10:* Ptolomäertempeln] Ptolemäertempeln *D 3, D 5 – 38,14:* zurückgeblieben??] zurückgeblieben? *D 4, D 5 – 38,27:* Erde,] Erde *D 5 – 38,31:* Schluchzender] schluchzender *D 4 – 38,34:* hinein. –] hinein – *D 4, D 5 – 39,3:* vorüberrieb] vorübertrieb *D 3 – 39,5:* Durch] durch *D 4 – 39,16:* war] waren *D 3 –* Eine] eine *D 3, D 5 – 39,22:* abgemäht] abgemäht, *D 5 – 39,27:* hallten] halten *D 3 – 39,34:* Dunst;] Dunst, *D 5 – 40,24:* schrill] schrill, *D 2, D 3 –* gewandt] gewandt, *D 2, D 3 – 41,1:* dichten,] dichten *D 3 – 41,4:* langen,] langen *D 5 – 41,11:* Knieenden] Knienden *D 2, D 3 – 41,16–27: fehlt D 4, D 5 – 41,32:* abgelegt] abgelegt, *D 2, D 3, D 5 – 41,34: folgt doppelter Absatz D 5 – 42,1:* Getränken] Getränken, *D 3, D 5 – 42,4:* er!] er, *D 5 – 42,24:* Ohngefähr] ohngefähr *D 3 – 42,31:* Mast:] Mast. *D 3 – 42,32:* Hafenkomplex:] Hafenkomplex. *D 3;* H a f e n k o m p l e x : *D 4, D 5 – 42,34:* schimmern] schimmern, *D 2, D 3 – 43,2:* suptropisch] subtropisch *D 5 – 43,6* Kalkmergel,] Kalkmergel *D 2, D 3, D 5 – 43,9:* Sultanhuhn. –] Sultanhuhn. *D 4 – 43,10:* Olive.] O l i v e ! *D 4;* O l i v e. *D 5 – 43,16:* Hain!] Hain? *D 2, D 3 – 43,26:* Stadt. –] Statt. *D 4 – 43,27:* Venedig] V e n e d i g *D 4, D 5 – 43,31:* Ein Eratmen] ein Eratmen *D 3 –* eine Barke] *emendiert aus* ein Barke *D 1, D 2, D 4 – 44,14:* das] *emendiert aus* daß *D 1, D 4 – 44,25:* unabsehbar] unsehbar *D 2*

# Nachwort

Im Rückblick sprach Gottfried Benn meist vom Rönne-Komplex, ohne sich festzulegen, welche seiner frühen Erzählungen in diese Rubrik gehören und welche nicht. Auch ein Blick auf von ihm selbst veranstaltete Sammelausgaben ergibt keinen autorisierten Kanon. Benns Auswahl ist nie die gleiche, immer läßt er die eine oder andere Erzählung weg, und ständig wechselt die Anordnung. Als Ernst Nef im Jahr 1950 im Verlag der Arche ein Bändchen mit dem Titel *Dr. Rönne* herausbrachte, wählte er ebenfalls aus: Er ließ die frühe Rönne-Szene *Ithaka* unberücksichtigt und entschloß sich, die kurze Prosa *Alexanderzüge mittels Wallungen* (1924), in der ein alternder Rönne »in die Nacht« sieht, aufzunehmen und sie der 1916 entstandenen Novelle *Der Geburtstag* noch voranzustellen. Gründe für diese Änderung der chronologischen Reihenfolge nannte Nef nicht. Aber auch der Entscheid für jene fünf Novellen, die Gottfried Benn im Jahr 1916 unter dem Titel *Gehirne* in Kurt Wolffs Reihe *Der jüngste Tag* publizierte, ist eine Auswahl. Und man hätte, ohne den Titel des Bändchens ändern zu müssen, auch die Erzählungen *Diesterweg* und *Querschnitt* (beide 1918) hinzunehmen können. Man mag solches Auswählen als inkonsequent bezeichnen, aber Rönne ist weniger ein Individuum als ein Demonstrationsobjekt, das Benn in wechselnden »Modellsituationen« (Wellershoff) vorführt. Rönne ist ein Typ, und das rechtfertigt die Auswahl.

»Rönne, ein junger Arzt, der früher viel seziert hatte« – ein junger Mann, der schon alt ist: Durch seine Hände waren »ohne Besinnen« zweitausend Leichen gegangen, und das hatte ihn merkwürdig erschöpft. So beginnt sehr distanziert die Titelnovelle *Gehirne*, als ob der Arzt Dr. Benn selbst einen klinischen Bericht einleite. Sachlich liefert er einen kurzen Vorspann, der zum Verständnis des Folgenden nötig ist und zugleich zur Erzählsituation überleitet. Rönne sitzt in einem fahrenden Zug; er »bespricht sich« und registriert doch bloß ziemlich flaches Weinland. Was zunächst auffällt, ist der Kontrast zwischen der Banalität der Fakten und dem vom Erzähler in die Nähe einer Selbstbeschwörung gerückten Versuch Rönnes, sich jene bewußt zu machen. Aber schon die folgenden Eindrücke scheinen fast visionär: »... vorbei an Scharlachfeldern, die rauchen von Mohn. ... ein Blau flutet durch den Himmel, feucht und aufgeweht von Ufern; an Rosen ist jedes Haus gelehnt, und manches ganz versunken.« Die Bewegung des Zuges verhindert ein exaktes Erfassen der Gegenstände; die Konturen lösen sich auf; der Raum über den Mohnfeldern füllt sich mit Farbe; das Blau des Himmels hat dynamisches Eigenleben; die Perspektive verschiebt sich, so daß Häuserwände zu kippen scheinen. So unmittelbar haben die Impressionisten gesehen. Es gibt Bilder Monets und Renoirs, auf denen sich über den Wiesen der Farbenschleier der Blüten rauchartig verbreitet; und auf zahlreichen Gemälden Pissarros, Sisleys und Monets gehen Himmel und Erde, Luft und Wasser vibrierend ineinander über. Aber während diese Visualität der Impressionisten von ihren Bildern längst vertraut ist, erscheint sie im Medium der Sprache noch immer fremd und ungewohnt. Und Benn versucht nichts anderes, als momenthaftes Sehen mit Hilfe eines adäquaten Stilmittels, der erlebten Rede, in Sprache zu übertragen.

Freilich, was bei den Impressionisten bewußte Objektivierung auch des Atmosphärischen war, ist bei Rönne Isolation des beobachtenden Subjekts im rein Visuellen. Seiner Realitätserfahrung fehlt die räumliche und zeitliche Komponente. Die sichtbare Welt ist als Ganzes für Rönne so unfaßbar wie seine eigene Vergangenheit. »Sich besprechen« und »möglichst vieles aufschreiben« sind Rönnes Versuche, in bewußten Denkakten die Eindrücke zu objektivieren und zu verknüpfen. Aber aus der Addition von Details entsteht kein Ganzes. Rönne ist zerfallen in bloße Funktionen; seinem inneren Zerfall entspricht sein gestörtes Verhältnis zur Realität. Wie seine Hände von ihm unabhängige Objekte sind (»dann nahm er selber seine Hände«), so liegen in den Tunneln »die Augen auf dem Sprung« und warten auf das Licht. Sie werden vom koordinierenden Bewußtsein nicht mehr gesteuert und parzellieren das Panorama.

Die ersten Absätze der Erzählung wecken im Leser eine Vorerwartung, und Skepsis stellt sich ein, ob dieser Arzt noch in der Lage sei, den Chef eines Krankenhauses zu vertreten. Rönne überläßt seinen Mitarbeitern »alles zu tun«. Fern und beziehungslos bleibt er zu seiner Umwelt. Sanitäre Technik ersetzt die ärztliche Therapie; Rönne versorgt Körperteile und fragt nie nach dem individuellen Schicksal des Kranken. An die Stelle der Kommunikation zwischen Arzt und Patienten treten Assoziationen, Vorstellungen über die mögliche Gedankenwelt des Gegenüber. Bei der Visite unterläßt Rönne die einfachsten Routinefragen; vor organisatorischen Entscheidungen bricht er zusammen. Er flieht schließlich in die Abgeschlossenheit seines Zimmers und ordnet an, daß Anstaltswagen auf der Landstraße hin- und herfahren sollen.

Rönne weiß nicht mehr, »wann es begonnen« hat. Alles bleibt unbestimmt, so vage wie jenes *es*, mit dem Rönne den ihm selbst nicht faßbaren Zustand beschreibt. Der Leser bleibt auf Vermutungen angewiesen. Rönnes »merkwürdige Erschöpfung« könnte als eine Erklärung für sein extremes Ruhebedürfnis herhalten. Das Sezieren von zweitausend Leichen macht ein indifferentes Verhalten gegenüber lebenden Patienten zumindest erklärlich. Wie aber sind Rönnes Gedächtnisstörungen zu verstehen, seine punktualisierende Optik, seine Orientierungslosigkeit im Raum? Bei aller gebotenen Skepsis gegenüber jedem Biographismus vermittelt ein Blick auf den biographischen Hintergrund der ersten Rönne-Novelle einen Hinweis zu ihrem Verständnis. Im »Epilog« zu den *Gesammelten Schriften* von 1922 bemerkt Benn:

»Ich war ursprünglich Psychiater gewesen, bis sich das merkwürdige Phänomen einstellte, das immer kritischer

wurde und darauf hinauslief, daß ich mich nicht mehr für einen Einzelfall interessieren konnte.
Es war mir körperlich nicht mehr möglich, meine Aufmerksamkeit, mein Interesse auf einen neueingelieferten Fall zu sammeln oder die alten Kranken fortlaufend individualisierend zu beobachten. Die Fragen nach der Vorgeschichte ihres Leidens, die Feststellungen über ihre Herkunft und Lebensweise, die Prüfungen, die sich auf des einzelnen Intelligenz und moralisches Quivive bezogen, schufen mir Qualen, die nicht beschreiblich sind. Mein Mund trocknete aus, meine Lider entzündeten sich, ich wäre zu Gewaltakten geschritten, wenn mich nicht vorher schon mein Chef zu sich gerufen, über vollkommen unzureichende Führung der Krankengeschichten zur Rede gestellt und entlassen hätte.«
Das Rönne-Erlebnis ist also ein Benn-Erlebnis. Aber was Rönne auf Grund seines Zustandes nicht mehr kann: sich selbst als Objekt betrachten, vermag der Psychiater Benn, der sich darüber klar zu werden sucht, woran er leidet:
»Von psychiatrischen Lehrbüchern aus, in denen ich suchte, kam ich zu modernen psychologischen Arbeiten, zum Teil sehr merkwürdigen, namentlich der französischen Schule; ich vertiefte mich in die Schilderungen des Zustandes, der als Depersonalisation oder als Entfremdung der Wahrnehmungswelt bezeichnet wird.«
Benn nennt die Autoren jener »französischen Schule« nicht beim Namen, aber aus seinen Essays geht hervor, daß er zumindest Janet und Ribot gelesen hat. Blättert man z. B. in Théodule Ribots verbreitetem, 1894 auch deutsch erschienenem Buch *Les maladies de la personnalité*, so lesen sich manche Passagen wie ein Kommentar zu den *Gehirnen*: Für Ribot besitzt die Persönlichkeit eines Menschen keine eigene Substanz, sondern sie *ist Koordination*, ein vom Gehirn organisierter Zusammenhang von Erinnerungen, Affekten, Bewußtseinszuständen und körperlichen Verrichtungen. Dieser psychophysische Komplex von gespeicherten Daten, durch Erziehung und Erfahrung eingegebenen Verhaltensprogrammen und von körperlichen Eigenarten ist

fortwährenden Schwankungen unterworfen: Organische Störungen, einschneidende Lebenserfahrungen oder Trübungen im Gemütsleben beeinflussen diese Koordination und können Veränderungen der Persönlichkeit verursachen. Der Verlust des Gedächtnisses bewirkt ihre vollständige Umwandlung. Das Individuum verliert seine Vergangenheit und erhält erst mit dem Erwerb einer neuen nach und nach ein neues Ich. Die Auflösung der Persönlichkeit kann nur das Alter oder eine Krankheit (etwa die Paralyse) bewirken. Die ursprüngliche Koordination weicht einer totalen Zusammenhanglosigkeit der einzelnen psychophysischen Akte, bis auch die rein vitalen Körperfunktionen zerstört werden. Im Sinne dieser Vorstellung von Koordination ist Rönnes Persönlichkeit partiell gestört, wenn nicht in Auflösung begriffen. Rönne kann den Ausgleich widerstreitender Eindrücke und Anforderungen nicht mehr leisten: »Ich habe keinen Halt mehr hinter den Augen. Der Raum wogt so endlos; einst floß er doch auf eine Stelle. Zerfallen ist Rinde, die mich trug.«

In dieser Äußerung Rönnes ist ein fehlender Artikel auffallend: »Zerfallen ist Rinde.« In der Erstveröffentlichung der Novelle heißt es »die Rinde«; in den Drucken von 1916, 1919 und 1922 fehlt der Artikel; erst die *Gesammelte Prosa* von 1928 nimmt ihn wieder auf. Angesichts der bekannten Nachlässigkeit Benns gegenüber der Drucklegung seiner Werke liegt es nahe, den fehlenden Artikel im Druck von 1916 als Korruptel zu deuten, die bis in die *Gesammelten Schriften* von 1922 mitgeschleppt und erst 1928 wieder emendiert wurde. Dieter Wellershoff, der Herausgeber der *Gesammelten Werke,* verzeichnet die Variante nicht, er hält sie offenbar für einen Druckfehler. Da zu den Rönne-Novellen jede handschriftliche Überlieferung fehlt und aus der frühen Zeit auch keine korrigierten Druckfahnen Benns bekannt sind, läßt sich diese textkritische Frage nicht eindeutig entscheiden. Aber es handelt sich auch nicht um ein rein philologisches Problem. Gerade die Tatsache, daß der Artikel weggelassen ist, weitet die Aussage des Bildes

»Rinde« ins Allgemeine. Rinde ließe sich deuten als Symbol einer ungebrochenen, mit sinnvollen Naturgesetzen ausgestatteten Welt, an der das Individuum einst widerspruchslos partizipierte und die nun verlorengegangen, »zerfallen« ist. Aber wäre es nicht ein merkwürdiges Paradox, wenn Benn, um die Zerrüttung Rönnes ins Bild zu setzen, sich eines von Goethe ableitbaren Symbolbegriffes bediente, der gerade die für Rönne zerbrochene Identität von »Anschauung und Begriff« zum Verständnis voraussetzt?
In einem kleinen Text aus dem Jahr 1920 mit dem Titel *Schöpferische Konfession* analysiert Benn einige Schlüsselworte aus dem Rönne-Komplex. Bei dem Versuch, die Wendung »da geschah ihm die Olive« zu deuten, fügt der Dichter hinzu, daß der »Artikel noch besser unterbliebe. Also, da geschah ihm ›Olive‹ und hinströmt die in Frage stehende Struktur«, gemeint ist der durch ›Olive‹ evozierte Bildkomplex des Südens. Davon abgesehen, daß Benn selbst die Streichung des Artikels empfiehlt, wird eine weitere Antinomie greifbar, die der vom Erlebnis des Zerfalls und von symbolischem Sprechen verwandt ist: »strömen« und »Struktur« sind diametrale Gegensätze. Es ist die Antinomie von Benns Existenz als Künstler, der sich am eigenen Schopf aus dem Sumpf zieht, indem er sein Rönne-Erlebnis in Kunst (»Struktur«) umsetzt. Worte, schreibt er im gleichen Text, seien der »Querschnitt durch kondensierte Katastrophen«; der Dichter befreie sich in der »Überhöhung« oder im »Außersich des Rausches« von der Qual des Bewußtseins. Benn nennt diese rauschhafte Selbstbefreiung später »Zusammenhangsdurchstoßung«, die den schöpferischen Prozeß und damit wieder einen Zustand höchster, konstruktiver Bewußtheit einleitet. Der Vers »trunken zerebral« aus dem Gedicht *Schweifende Stunde* bringt dieses Nebeneinander von Ekstase und Intellektualität auf formelhafte Kürze.
Die endgültige Restitution des ursprünglichen Wortlautes »die Rinde« in der *Gesammelten Prosa* von 1928, also der Ausgabe mit den meisten Spuren einer vom Dichter vor-

genommenen Überarbeitung, hat einen anthropologischen Akzent. Sie fällt in die Zeit von Benns umfangreicher essayistischer Produktion, in der die Begriffe Stammhirn und Großhirn wiederholt auftauchen, Formulierungen wie »*Rinden*typ« oder »Hirnstammkomponente« geprägt werden. Im Mai 1928 arbeitet Benn an einem Aufsatz über »die Lage des Ich«, der erst 1930 unter dem endgültigen Titel *Der Aufbau der Persönlichkeit. Geologie des Ich* gedruckt wird. Vor dem Hintergrund dieser Arbeit – auf den Zusammenhang hat m. W. Else Buddeberg als erste hingewiesen – könnte man Rinde nun wörtlich als Großhirnrinde, die das Stammhirn umschließt, verstehen. Benn erläutert in dem genannten Essay die Funktion beider Gehirnteile. Die Hirnrinde gilt als die »Funktionszentrale für Sinnes-, Gedächtnis- und Assoziationsleistungen«, während »die Affektivität im allgemeinen, das Trieb- und Instinktleben, auch die Motorik ... funktionell« mit dem Stammhirn, dem entwicklungsgeschichtlich älteren Teil, zusammenhängt. Mit diesen physiologischen Erkenntnissen verknüpft Benn Ergebnisse der Tiefenpsychologie: »wir tragen die Reste und Spuren früherer Entwicklungsstufen in unserem Organismus, wir beobachten, wie diese Spuren realisiert werden im Traum, in der Ekstase und bei gewissen Zuständen der Geisteskranken«. Diese »Geologie des Ich« ist für Benn im Jahr 1930 wissenschaftlich erhärtete Tatsache; er hält auch zwanzig Jahre später an ihr fest und bringt sie durch einen seiner drei alten Männer wieder ins Gespräch. Die Aktualität seiner Theorien interessiert hier nur wenig, eher ihr Verhältnis zur Dichtung. Denn für Benn ist in den frühen dreißiger Jahren die »Frage nach der anthropologischen Substanz ... identisch mit der Frage nach der Wirklichkeit«. Benns Schrift über den Aufbau der Persönlichkeit hat unzweifelhaft exegetischen Charakter. Traum, Ekstase oder auch Geisteskrankheit sind nur Symptome des gleichen Phänomens, nämlich der Reduktion des Ich auf seine archaische Urform. Im Zerfall des Bewußtseins lösen sich aus den primitiveren Zentren des Gehirnes Bilder, »vormondalte

Bestände« – wie Benn 1930 formuliert –, die eine neue Wirklichkeit konstituieren. Benn liefert damit selbst eine Nomenklatur, mit deren Hilfe Rönnes Visionen am Ende der Novelle als Äußerungen der Ich-Umwandlung, als »frühes Erlebnis des Überall und des Ewigseins« klassifiziert werden können. Aber es darf nicht vergessen werden, daß damit eine Interpretation post festum vorgenommen wird, die die Gefahr einschließt, der Dichtung aus der Retrospektive Benns ein ihr unangemessenes Korsett theoretischer Begriffe anzulegen. (»Man dichtet und dann entwickelt man natürlich Theorien, um sich zu begründen.«) Bereits eine so geringfügige Änderung im Text wie der Ausfall eines Artikels demonstriert den Spielraum der Interpretation. Nur die Analyse der Bilder selbst kann zeigen, welche Stringenz Benns Begriffe im Blick auf seine eigene Dichtung besitzen.

Der häufig als Beispiel »innerer Gesichte« oder »lyrisch getönter Anrufungen« (Buddeberg) zitierte Schluß der Dichtung lautet:

»Ich wollte immer auffliegen wie ein Vogel aus der Schlucht; nun lebe ich außen im Kristall. Aber nun geben Sie mir bitte den Weg frei, ich schwinge wieder – ich war so müde – auf Flügeln geht dieser Gang – mit meinem blauen Anemonenschwert – in Mittagsturz des Lichts – in Trümmern des Südens – in zerfallendem Gewölk – Zerstäubungen der Stirne – Entschweifungen der Schläfe.«

Rönnes Aufschwung in einen Mittagsturz des Lichts ist rational nicht nachvollziehbar. Das Bild eines blauen Anemonenschwertes verknüpft Aussagen aus verschiedenen empirischen Bereichen zu einer gänzlich irrealen Vorstellung. Für den »logischen Überbau« sind solche Bilder nicht mehr rezipierbar. Also doch Aufzeichnungen eines halluzinierenden Geisteskranken? Aber es handelt sich gleichwohl um den Schluß einer Dichtung, und wenn auch Benn auf den monologischen Charakter seiner Poesie verweist, so erklärt er wiederholt, es gehe ihm allein darum, Worte faszinierend zu montieren. Dichtung ist also auch bei Benn bewußt ge-

formtes sprachliches Produkt; und die Absicht zu faszinieren setzt den Leser voraus. Wann immer Benn sich zu poetologischen Fragen äußert, betont er, daß ihn »das Wort ohne jede Rücksicht auf seinen beschreibenden Charakter rein als assoziatives Motiv« interessiere; d. h. Worte sind für ihn Impulsträger für Assoziationen. Ja, Benn unterscheidet die Worte nach dem Grad ihrer Fähigkeit, Assoziationen hervorzurufen, und nennt diese Qualifikation ihren jeweiligen *Wallungswert.* Dieser ist abhängig von der Intensität des Wortes, von der empirischen Welt, die um das Wort gelagert ist. Abstrakta rangieren also in dieser Skala am unteren Ende, Adjektive oder Farben (mit Ausnahme von blau, das eine Sonderrolle spielt) sind ihm zu sehr Klischees. Substantive, Namen, auch Fremdwörter, die zugleich den Reiz des Unbekannten mitliefern, besitzen dagegen den größten Wallungswert. Eine solche Auffassung vom Wort hat Konsequenzen für den Satzbau. Der innere Zusammenhang der Satzteile, von Sätzen untereinander, beruht selbst wieder auf Assoziationen. Denn da die Sprache der Konvention und die tradierte Syntax abgenützt sind – Benn nennt sie höhnisch »Bierbestellung« – können sie auch kein Mittel der Kunst mehr sein. Erst die Freiheit der Kombination, der Verzicht auf syntaktische Verknüpfung, auf kausale und konditionale Zusammenhänge emanzipiert Sprache von leerer Formelhaftigkeit und ermöglicht damit die Autonomie des Ausdrucks.
Diese Differenzierung zweier Sprachebenen hellt eine andere, nur schwer deutbare, weil Begriffe ambivalent gebrauchende Stelle der Novelle auf. Als Rönne einen Todkranken zur Genesung beglückwünscht und ihn nach Hause entläßt, bemerkt er zu sich selbst: »Wer glaubt, daß man mit Worten lügen könne, könnte meinen, daß es hier geschähe. Aber wenn ich mit Worten lügen könnte, wäre ich wohl nicht hier. Überall wohin ich sehe, bedarf es eines Wortes, um zu leben. Hätte ich doch gelogen, als ich zu diesem sagte: Glück auf!« Benn spielt hier bewußt mit Worten. Der Leser wird verwirrt, denn für ihn ist jenes

»Glück auf!« objektiv eine Lüge. Aber Rönne verfügt offensichtlich über einen anderen Begriff von Lüge und verliert damit selbst das Wort, das ihn aus dem Krankenhaus entläßt. Paul Requadt hat in seinem Buch über die »Bildersprache der deutschen Italiendichtung« darauf hingewiesen, daß Benn an dieser Stelle der Novelle Nietzsches Aufsatz »Über Wahrheit und Lüge im außermoralischen Sinn« kondensiere. In Nietzsches »Nachlaß der Achtzigerjahre« finden sich außerdem Stellen, die fast wörtlich Rönnes rätselhafte Bemerkung antizipieren, so u. a.: »*Wir haben Lüge nötig*, um über diese Realität, diese ›Wahrheit‹ zum Sieg zu kommen, das heißt, *um zu leben* ... Daß die Lüge nötig ist, um zu leben, das gehört selbst noch mit zu diesem furchtbaren und fragwürdigen Charakter des Daseins.« Lüge ist also für Nietzsche wie für Benn nichts anderes als Intuition, die das Leben »zum Schein und zur Schönheit« verstellt und damit erträglich macht. Es ist ein Gedanke, der sich von der *Geburt der Tragödie* durch das ganze Werk Nietzsches verfolgen läßt: Die Kunst, die über das Leben herrscht, ist eine Täuschung, aber der Mensch braucht die »glänzende Traumgeburt der Olympischen«, um von der Wirklichkeit erlöst zu werden. Die Antwort auf Rönnes rätselhafte Frage »*Wohin* solle man sich dann sagen?«, die sich erst am Schluß der Novelle findet, ist durch Nietzsche präformiert. Sie lautet: *in* die *Intuition*, der man »in lauter verbotenen Metaphern und unerhörten Begriffsfügungen«, »durch das Zertrümmern und Verhöhnen der alten Begriffsschranken« (Nietzsche) Ausdruck zu geben sucht.
Rönnes Versuch, den Bereich einer begrenzten Freiheit zu verlassen, scheitert. »Ich wollte immer auffliegen wie ein Vogel aus der Schlucht; nun lebe ich außen im Kristall.« Das »wie« annonciert den gängigen Vergleich, dann wird auch die Hilfskonstruktion aufgegeben und der Ausdruck primär. Noch hilft zum Verständnis ein Blick auf die Tradition. Das Leben im Kristall ist ein altes, im Volksmärchen und in der Dichtung der Romantik verbreitetes Symbol. Brentano und vor allem E. T. A. Hoffmann haben diese bis

auf Dante zurückführbare Symbolik der Erstarrung aufgegriffen. In Hoffmanns Erzählung *Der goldne Topf* z. B., in der der Leser nur mit Mühe Wirklichkeit und märchenhaftes Geschehen auseinanderhalten kann, erfüllt sich der Fluch eines alten Weibes: »ins Kristall bald dein Fall – ins Kristall!« Teuflische Schlangen sprühen Feuerströme um den Körper des Studenten Anselmus, die sich verdichten zur »festen, eiskalten Masse«. Hoffmann erläutert seinem Leser, wie er sich des Studenten Leben im Kristall vorzustellen habe: »Du bist von blendendem Glanze dicht umflossen, alle Gegenstände ringsumher erscheinen dir von strahlenden Regenbogenfarben erleuchtet und umgeben – alles zittert und wankt und dröhnt im Schimmer – du schwimmst regungs- und bewegungslos wie in einem festgefrorenen Äther.« Wie für Rönne so ist auch für den Studenten Anselmus die gegenständliche Welt nicht objektiv faßbar. Sie erscheint als ein lichtüberflutetes Kaleidoskop, das in ständiger, akustisch forcierter Bewegung begriffen ist. Anselmus ist wie »festgefroren«, hilflos blendendem Licht ausgeliefert. Auch Rönne muß ruhen »vor der Hemmungslosigkeit des Lichtes« und wird schließlich von einer totenähnlichen Starre befallen, »wie abgenommen von den Leibern, die sein Umgang gewesen waren«. Erst mit der Rückkehr des Chefarztes gewinnt Rönne seine Bewegungsfreiheit zurück. Er bittet um seine Entlassung, er »schwinge wieder«, »auf Flügeln« gehe sein Gang. Mit Bildern des Fliegens, von jeher Symbol der Freiheit, suggeriert Benn Rönnes Erwachen aus dem Zustand der Erstarrung, wobei Anklänge an den antiken Ikaros-Mythos kaum zu übersehen sind. Vor diesem mythologischen Hintergrund wird auch die Metapher eines Mittagsturzes von Licht verständlich: Sturzfluthafte Gewalt der Mittagssonne schmolz dem mythischen Ikaros das Wachs der Flügel, so daß er abstürzte und im Meer versank, und sie erlöst Rönne von der Qual des Bewußtseins. Selbst in der äußersten Konzentration der sprachlichen Mittel bleibt der Eindruck von Aufschwung und Versinken plastisch; die Präposition »in« wechselt jeweils den Kasus: »in Mittagsturz des Lichts« ist das Ziel von Rönnes geflügeltem Gang. Der folgende Gedankenstrich markiert die Zäsur. Dahin sollte sich Rönne sagen. Dann versinkt der »entstirnte« Rönne »in Trümmern des Südens« und »in zerfallendem Gewölk«. Die Nähe zum Ikaros-Mythos ist nicht zufällig. Bereits die *Gesänge* (1913) enthalten – wenngleich parodistisch überzogen – das Motiv. Und im Mai 1915 (also nur drei Monate nach der Erstveröffentlichung der *Gehirne*) publiziert Benn eine Gedichttrilogie mit dem Titel *Ikarus*, in der er noch einmal auf den Mythos zurückgreift:

Nur ich, mit Wächter zwischen Blut und Pranke,
ein hirnzerfressenes Aas, mit Flüchen
im Nichts zergellend, bespien mit Worten,
veräfft vom Licht –
o du Weithingewölbter,
träuf meinen Augen eine Stunde
des guten frühen Voraugenlichts –
schmilz hin den Trug der Farben, schwinge
die kotbedrängten Höhlen in das Rauschen
gebäumter Sonnen, Sturz der Sonnen-sonnen,
o aller Sonnen ewiges Gefälle –

In dem Gedicht wird vollends deutlich, was in der Novelle nur anklingt: Benn deutet den antiken Mythos um. Bei ihm ist der Untergang des Ikaros nicht der Preis, den der homo faber für seinen frevelhaften Griff nach der absoluten Freiheit zahlen muß, sondern Benns Ikarus sucht *im* Untergang die Freiheit. Das Gedicht ist ein ritueller Gesang, in dem Ikarus die Mittagssonne beschwört, das zwischen Instinkt und Motorik fungierende Bewußtsein auszulöschen, um Raum zu schaffen für den Rausch. Der Gesang endet wie die Novelle:

ausrauschst du aus den Falten, Sonne,
allnächtlich Welten in den Raum –

o eine der vergeßlich hingesprühten
mit junger Glut die Schläfe mir zerschmelzend,
auftrinkend das entstirnte Blut –

Die Sonne treibt »aus den Falten« (des Gehirnes) neue Welten; zwar Welten des Zerfalls und von Trümmern, aber auch der Erlösung und von produktiver Kraft. Es darf nicht übergangen werden, daß sowohl der Schluß der Novelle als auch das gesamte Gedicht gesprochene Rede sind, daß sich also der Vorgang der »Enthirnung« im Sprechen vollzieht. Hier treffen sich der Dichter und seine Figuren: »vom Süden umlagerte Worte und Themen verschafften«, wie Benn später an Wellershoff schreibt, »Auferstehung, eröffneten meine Verschlüsse – da strömte ich hin, hinein, hinüber in die Bläue, das Wolkenlose ... das war das Hinübergehn aus Starre und Gebundenheit in Strömen und Vergehn«.

»Auferstehung ... hinüber in die Bläue«: Die Farbe blau ist in der Dichtung Benns Chiffre für die Welt des Traumes, die eng mit der der Kunst verwandt ist. Kunst ist in Worte umgesetzter Traum, und blau annonciert chiffrenhaft diese schöpferische Komponente des Traumes. Mit einem einzigen Schlüsselwort kann so der Dichter eine komplexe Bilderwelt und den Vorgang ihrer Entstehung zeichenhaft zusammenfassen. Als Chiffre ist blau zugleich gegen die Worte und Bilder, auf die es verweist, austauschbar. Es ist der »Exponent des ›ligurischen Komplexes‹«, wie Benn notiert, also eine Art Code eines ganzen Metapherngefüges. Reinhold Grimm, der der farblichen Chiffre im Werk Benns eine Studie gewidmet hat, ist dem Wortfeld, das blau vertritt, im einzelnen nachgegangen. Der Bereich des Südens, vor allem der Mittelmeerraum, die Welt der antiken Kunst und die der Blumen dominieren in den von Grimm zusammengestellten Kolumnen von Bildern, die im einzelnen untereinander austausch- bzw. kombinierbar sind. Als Farbe wie als Wort ist blau »das Hauptmittel zur ›Zusammenhangsdurchstoßung‹«, es hat also eine, wie Grimm formuliert, »genetische Funktion«. In den Rönne-Novellen ist das optische Erlebnis von blau meist gekoppelt mit dem von weiß (»über die weißen Steine blaut es, es verdichtet sich die Entrückung ...« oder »Himmel und Blüten: weich aus Augen, kamen Bläue und Schnee«). Auch in Rönnes blauem Anemonenschwert liefert die Eigenfarbe der Blume das weiße Supplement zur blauen Chiffre. »Anemonenschwert« steht am Anfang einer langen Kette von Wortverbindungen besonderer klanglicher Schönheit. Wie Levkoienwelle und Korallenohr, Rosenhirn und Rosenschoß oder Astermeer und Asphodelentod fehlt diesen kombinierten Bildern der Bezug zur Empirie. Sie sind allein als assoziative Gebilde begreifbar. Anemone gehört wie blau zum »ligurischen Komplex«. Als Chiffren der gleichen Bilderwelt stehen blau und Anemonenschwert attributiv nebeneinander. Gerade in der von Nietzsche geforderten »unerhörten Fügung« steigert sich der evokative Effekt. Mit Schwert ist ein Moment der Zerstörung gegeben, der »Wirklichkeitszertrümmerung«, die Rönnes Durchbruch in eine Traumwelt einleitet. Selbst die bei Benn immer nur kurze Dauer der schöpferischen Überhöhung ist in der Kombination des »blauen Anemonenschwertes« enthalten. Blumen sind für Benn stets Beispiele schnellen und sinnlosen Verblühens, als solche aber zugleich Symbole des Schönen. Gerade die Anemone, die sich der antike Mythos aus dem Blut des zu Tode verwundeten Aphrodite-Lieblings Adonis entstanden dachte, gilt als Symbol schnell verblühender, jugendlicher Schönheit.

Ein einziges Prinzip bestimmt die erste Novelle der Sammlung, nämlich die Polarität von Realitätsverlust und neuem Realitätsgewinn. Sie bleibt bestimmend für das gesamte Œuvre Gottfried Benns. Was auf die *Gehirne* folgt, sind Variationen dieser einen Antinomie, die auch in der späten Maxime vom Doppelleben noch erhalten, wenngleich anders akzentuiert ist, indem der Verlust der Realität zum bewußten Verzicht umgedeutet wird. Sie gewinnt bereits 1915 dichterische Gestalt und braucht als Modell gar nicht die theoretische Absicherung aus Hirnphysiologie und Tiefenpsychologie.

Der Anfang der zweiten Novelle *Die Eroberung* unterscheidet sich gänzlich vom Beginn der ersten. Dort drei einführende Sätze eines distanzierten Berichterstatters, hier ein grammatikalisch unvollständiges, weder Subjekt noch Prädikat enthaltendes Gebilde, dem sich Benns bekannte Kombination von Gedankenstrich und Doppelpunkt anschließt. Diese Satzzeichenfolge setzt eine Zäsur und konzentriert den Leser auf den nachfolgenden Text. Auf Anhieb gelingt, wozu Rönne während der Eisenbahnfahrt durch Süddeutschland nicht fähig ist: das Vergleichen einzelner Sinneseindrücke, also die Koordination von Details. Und schon vergeht Rönne »vor Glück in den Abend«. Aber dieses Glück scheint wieder direkt in die Realität zurückzuführen. Rönne entwickelt eine beachtliche Aktivität, die sich u. a. in einer militärischen Diktion äußert. Er befindet sich in einer eroberten Stadt, und es ist symptomatisch, wie er seine früheren Erfahrungen nach außen projiziert. Rönne glaubt, daß die Bevölkerung, die ihren Protest gegen die Eroberung durch die Beflaggung ihrer Häuser artikuliert, ihre »Ohnmacht« ins Ästhetische transformiere und ihr damit entgehe. Zugleich aber verhüllt die militärische Ausdrucksweise den wahren Charakter von Rönnes Unternehmungen. Er will zwar Schritt für Schritt die Eroberung nachvollziehen, aber seine Eroberungsversuche sind in Wahrheit Versuche der Unterwerfung. Er will sich einordnen in die Gemeinschaft, und seine Anstrengungen verlaufen in einer gewissen Analogie zum kindlichen Entwicklungsprozeß.

Ein Caféhaus wird für Rönne zum Abbild von Gemeinschaft. Was er jedoch registriert, ist eine fast unerträgliche Sammlung von Banalitäten, die zu Rönnes Glück über die gelungene sprachliche Fixierung in einem eindrücklichen Kontrast stehen. Die Nomination von Einzelheiten der Umwelt verleiht Rönne Sicherheit; er wird »kühner« und überprüft die Stabilität eines Stuhles; aus allen »Höhlen und Falten« des Gehirnes entfernt er »Last um Last« und deponiert sie »um der Säulen Samt«. Glück vermittelt auch die Entdeckung, die vier Beine einer Kuh zählen zu können, und »eingeebnet fühlte er sich in das Schlenkern der Arme eines Mannes«. Rönne übt sich im Rollenverhalten. Er ahmt den Vergeßlichen nach. Und während der eiligen Rückkehr an die imaginäre Stätte seiner Pflicht berauscht er sich an Vorstellungen, wie die Passanten seine Geste plötzlicher Erinnerung an Versäumtes gedeutet haben. Dabei baut das schablonisierte Vokabular Rönnes Stück für Stück die Fassade eines mit Begriffen wie Ordnung und Dienen drapierten Moralismus. Inhaltlose Klischees vermitteln Rönne das Gefühl sozialer Integration. Auch die Welt des »literarischen Tinnefs« fehlt nicht in diesem Arsenal von Formeln. Rönne wird »gar ein Jäger«, und seine Assoziationen reproduzieren die papierne Welt der Ganghofer-Romane. Schließlich übernimmt Rönne noch die Vaterrolle des bürgerlichen Rührstücks. Sein Kind erkrankt, und demütig steht er »vor dem Unbegreiflichen; aller Rätsel wurde auch er nicht Herr«.

Die sprachliche Übernahme einer sozialen bzw. literarisch vorgeformten Rolle vermittelt Rönne eine gewisse Stabilität. Zugleich macht dieses permanente Wechselspiel jedoch deutlich, daß Rönnes soziale Integration nur scheinbar ist. Das Rollenspiel vollzieht sich sprachlich in einer Art von innerem Monolog, die erhoffte Kommunikation erfolgt gar nicht; an der tatsächlichen Isolation ändert sich nichts. Erst auf einer niederen Ebene gelingt es Rönne, an seiner Umwelt zu partizipieren. Als er auf seinem »Eroberungszug« einen Wald erreicht, tauchen in der Beschreibung der Landschaft plötzlich Attribute menschlicher Gemeinschaft auf: Bett und Heim. Aber diese Partizipation ist nur durch Reduktion möglich. Nicht mehr Jäger oder Herr, sondern »er, als der Blüten eine, er, als der Tiere Beischlaf«. Diese Reduktion des Ich auf eine rein vegetative Form ist jedoch nicht notwendig produktiv. Das sexuelle Erlebnis gehört in diesen Bereich, wie auch die Schwangere, der Rönne begegnet. Entscheidend ist die Befreiung vom Bewußtsein. Rönne betont den »mageren armen Schädel« der Schwangeren, »über feuchtem Blattwerk, über einer Landschaft aus Blut, über Schwellungen aus tierischen Geweben«. Reinhold Grimm hat in seiner Arbeit über die farbliche Chiffre nachgewiesen, daß »Blut« eine häufig gebrauchte Chiffre für dieses reduzierte Dasein, von »blau« aber genau abzugrenzen ist. Auch blau steht für den Zustand des Unbewußten, im Gegensatz zu Blut schließt es aber auch seine produktive Komponente ein. Hierin unterscheidet sich das Ende der *Gehirne* von dem der *Eroberung*. Dort der Gewinn einer künstlerischen Form in der Deformation, hier »nach der zentralen Zerstörung das Vegetabilische«. Rönne setzt sich von der Welt der Gemeinschaft ab. »Am Abend, als ich ausging, schien ich mir noch des Schmerzes wert.« Seit Schopenhauer ist Schmerz der Preis, der für die Individuation gezahlt werden muß; aber Individualitäten wie die des Jägers oder des Vergeßlichen lohnen diesen Preis nicht. Jetzt will Rönne nur noch »unter Farren liegen, die Stämme anschielen und überall die Fläche sehen. Die Türen sanken nieder, die Glashäuser bebten, auf einer Kuppel aus Kristall zerbarst ein Strom unverlierbaren Lichts.« Im Verzicht auf den aufrechten Gang annulliert Rönne ein ganzes Zeitalter. Zugleich entwirft Benn mit wenigen Andeutungen das Modell des ptolemäischen Weltbildes: die Erde als Fläche und über ihr die mächtige Kristallkuppel. So führt Rönnes Eintritt in das Palmenhaus aus einer von den Naturwissenschaften beherrschten Welt in eine andere, die Jahrtausende zurückliegt. Aus dem Arzt Dr. Rönne wird im Palmenhaus ein Gehilfe des Gärtners.

Ist Rönne am Anfang der *Gehirne* noch fähig, eine Eisenbahnfahrt zu unternehmen und bei seiner Ankunft im Krankenhaus »mit den Schwestern die dienstlichen Angelegenheiten fern und kühl zu besprechen«, so demonstriert die dritte Novelle *Die Reise* – auch dieser Titel ist doppel-

deutig, denn eine Reise findet gar nicht statt – Rönnes völlige Desorientierung im sozialen Rollenspiel. Er unterscheidet sich von jenen Individualitäten, die man mit einer Verbeugung anerkennt, durch sein Unvermögen, sich in deren Welt zu integrieren, während die »Begriffe aus dem Lebensweg eines Herren« den gesellschaftlichen Zwängen angepaßt sind. Das Kasinoritual um eine tropische Frucht belegt, daß die Individualität der Herren in deren Negation besteht. Ihr Rollenspiel fingiert Individualität. Es ist bezeichnend, daß sich das Gespräch an einem Gegenstand entzündet, der von der Norm abweicht. Und Befürchtungen werden laut, ob nicht Verallgemeinerungen des Sonderfalls »bedenkliche Folgeerscheinungen« zeitigen könnten.
Rönne gelingt unter großen körperlichen Anstrengungen und für kurze Zeit die »Einreihung«, und aus »Erz saßen die Männer«. Diese Feststellung enthält nicht nur den Triumph Rönnes über den offenbar verblüffenden Effekt seines Votums; Erz symbolisiert eine gefestigte, wenn auch hohle Welt. Erst Seiten später wird das vollends deutlich. Rönne wünscht sich, er werde »der erzene Mann, um den tags die Dinge brandeten und des Nachts der Schlaf, der gelassen vor einem Bahnhof stünde, wieviel Erde es auch gäbe, der Verwurzelte, der Unerschütterliche!« Die Merkmale seiner Wunschvorstellung könnten auch die eines Denkmals sein. Als Repräsentant, unbelastet von jeder individuellen Instanz, scheint ihm »Einreihung« auf die Dauer möglich. Benn bescheinigt 1934 in seiner Deutung der Kasino-Szene dem Herrn, »der nach der Mahlzeit einen kleinen Schnaps nicht verschmähte«, den Besitz »einer kontinuierlichen Psychologie«. Dieser Begriff ist für Benn fast ein Synonym für Individualität, für »Einzel-Ich«, das Erlebnisse »im Entwicklungssinne verarbeitet«; aber Benn sagt Individualität und meint deren Ideologie. Wann immer er seine Zynismen gegen das abgetakelte »Individual-Ich« schleudert, meint er die »institutionell strukturierten« Herren von Rang und Besitz, die sich arrangieren und »den Bürger hochhalten«. In einer Prosa von 1921 mit dem Titel

*Das letzte Ich* unterstreicht Benn den ideologischen Charakter einer Vorstellung von autonomer Selbstverwirklichung:

»Das Eigenleben, bezogen aus den schofelsten Pressephrasen, verklebt mit Zitaten aus den Œuvres von Villenbesitzern, deren Innerlichkeit nach Ausdruck ringt in den Kategorien der Popularität und der Tantieme, stellt sich dar als Parthenogenesis innerhalb des industriellen Unternehmens, das die moderne Nation bedeutet.«

Während Freud noch an die Autonomie des Individuums glaubte, hat in der »Ära der großen Konzerne und Weltkriege« die Bewußtseinsindustrie aus dem Individuum der bürgerlichen das außengelenkte Objekt der Massengesellschaft gemacht:

»Als Ich und Über-Ich fungieren die Gremien und Stars, und die Massen, selbst des Scheins der Persönlichkeit entäußert, formen sich viel reibungsloser nach den Losungen und Modellen, als je die Instinkte nach der inneren Zensur ... Realitätsgerechtigkeit, Anpassung an die Macht, ist nicht mehr Resultat eines dialektischen Prozesses zwischen Subjekt und Realität, sondern wird unmittelbar vom Räderwerk der Industrie hergestellt. Der Vorgang ist einer der Liquidation anstatt der Aufhebung, der formalen anstatt der bestimmten Negation« (Horkheimer und Adorno, Dialektik der Aufklärung. Philosophische Fragmente. Frankfurt a. M.: Fischer 1969, S. 213).

Rönne sucht bewußt die Anpassung. Zu keiner psychophysischen Koordination fähig, glaubt er, Halt in den normativen Zwängen der Gesellschaft finden zu können: »keiner Verknotung mächtig, und dennoch auf Erhaltung rechnend«, das ist die Dialektik seiner Existenz. Das Krankenhaus, der Bereich der Stadt und die Straße konstituieren für Rönne die Form, die ihn trägt. Die Reise nach Antwerpen findet nicht statt, er bleibt in seinem Pflichtenkreis, »darin er seinen Tag erfüllte«. Am Saum der Stadt beginnt das Nichts. Aber nicht nur das offene Feld vor den Toren der Stadt, auch die Repräsentanten der kategorialen Welt lassen

Rönne taumeln, denn sie leben in einer Welt, in der er sich nicht auskennt. Also kann er sich auch ihrer Sprache, ihres Systems konformierender Orientierungshilfen nicht bedienen. Rönne präzisiert den Unterschied mit Hilfe astrologischer Begriffe. Die Herren leben »mit Schwerpunkten auf Meridianen«, also auf festgelegten Leitlinien, und registrieren selbstgewiß mittels physikalischer Geräte die in Zahlengrößen faßbaren Verhältnisse bzw. Veränderungen von Umwelt und Kosmos. Rönne dagegen besitzt diese Sicherheit nicht, er sendet »Blicke über die Dinge« und ist gelähmt »von Sehnsüchten nach einem Azimuth«.

Wie schon in der *Eroberung* so gelingt Rönne auch in der *Reise* die soziale Anpassung nur in der Imagination. In der Phantasie wird er der »Herr mit Koffer«, der die Reise durch »Aue und Rand« unternehmen kann, und es vollzieht sich »Versöhnung« mit Hügeln und Äckern. Was im Kasino bei vollem Bewußtsein nur unter Schweißausbrüchen möglich ist, glückt im Halbdunkel eines Kinos, »im Unbewußten eines Parterres«, mühelos. Rönne tritt ein »*in* den Film«. In der Rezeption eines virtuellen Ausschnittes von Realität ist »Einreihung« möglich. Dabei unterscheiden sich die Klischees dieser präparierten Bilderwelt von denen des Kasinogespräches nur durch das Medium, in welchem sie sich artikulieren. Wohlbekannte Muster fügen sich zu einer Familiengeschichte aus dem Bereich der *Gartenlaube*. Es ist eine montierte Welt, die eine heile Realität fingiert. Ihrer Suggestivkraft erliegt Rönne. Er identifiziert sich mit dem Schein und wird selbst ein Scheingebilde, das wieder »endet«. Eine schwere Müdigkeit stellt sich wie schon nach Verlassen des Kasinos ein. (Benn gebraucht die gleichen Wendungen und unterstreicht damit die Analogie der Vorgänge.) Rönne droht in einen Schlaf zu versinken, »ohne einen Wirbel über sich zu lassen, negativ verendet, nur als Schnittpunkt bejaht«. Gemessen an den Kriterien der Sozialisierung ist solcher Schlaf negativ.

Die Identifikation mit der fiktiven Welt des Films macht aus Rönne für kurze Zeit ein Wesen »mit einer kontinuierlichen Psychologie«, ein Gebilde, das wieder zerfällt, »von blauen Buchten benagt«. Dieses Bild faßt nicht etwa chiffrenhaft das Erlebnis des Films gesamthaft als ein Erlebnis der Kunst zusammen, sondern setzt gerade die Welt des Südens bewußt ab von jener des Films. An den Rändern des sozialen Ich, an seinem »Saum«, beginnt die Traumwelt. Dieser Konstellation entspricht konkret Rönnes Situation auf der *Insel*. Rönne ist dort Arzt eines Gefängnisses, und worum er in den ersten drei Novellen der Sammlung ständig ringt, ist in der *Insel* vollzogen. Er ist selbst ein Glied der verwalteten Welt, die das Gefängnis als erzwungene Konzentration von Menschen auf kleinstem Raum komprimiert widerspiegelt. Bereits das syntaktische Monster des einleitenden Satzes bestätigt formal und inhaltlich Rönnes Anpassung. »Daß dies das Leben sei, war eine Annahme, zu der Rönne, einen Arzt, das von leitender Stelle aus Geregelte seiner Tage, das staatliche Genehmigte, ja Vorgeschriebene seiner Bestimmung wohl berechtigte.« Rönne hat sich Sprache und Denkweise staatlicher Vollzugsorgane angeeignet. »Eins fühlte er sich mit dem Geiste, der ihn hier herberufen«, der ihn in ein System von Schutz und Ausmerzung einreiht. Auch das kleine Fischerdorf repräsentiert für Rönne intakte Verhältnisse. Seine Bewohner führen ein ungefährdetes, fast rein organisches Leben. Unversehrte Reizempfänglichkeit (schon in der *Reise* Kennzeichen von Vitalität), normaler Ablauf der reflektorischen Erregung (»Reflexbogen«), Flüssigkeitsaufnahme aus Krügen nicht zum Zwecke der Lust, sondern der Ernährung – befriedigt registriert der Arzt die Kriterien klinischer Gesundheit und resümiert: »hier war gut ruhn«. Mit dieser kurzen, soziologisch determinierten Wendung, einst als gestickter Wandspruch über unzähligen Sofas kleinbürgerlicher Wohnstuben, fixiert Benn sprachlich die soziale Anpassung Rönnes. Selbst der Bereich des Traumes hat zu Beginn der Erzählung etwas Baedekerhaftes. Rönne versetzt sich, bewußt Realität und Imagination scheidend (»Es sind nicht da, aber es könnten da sein ...«), auf eine Insel vor Indien. Er beschreibt deren Zimtwälder, er nennt Einzelheiten der Zimternte, als ob er Details aus einem Handbuch für Tropenfarmer referiere, und geläufig verfügt er über die Klischees eines Tourismus »aus den Kupeefenstern«: »das ist sehr hübsch hier«.

»Hier [auf der Insel] herrschten keine solchen vagen Ausrufe.« Rönne versucht, einer leeren begrifflich-wissenschaftlichen Systematik zu entgehen. Er ist mit der Absicht auf die Insel gekommen, »den Begriff nachzuprüfen«, d. h. dessen sachlichen Bezug zu kontrollieren. Das Ergebnis seiner Bemühungen ist freilich keine Präzisierung von Begriffen, sondern – so scheint es – eine Erneuerung irrationalen Erlebens. »Die Begriffe, schien ihm, sanken herab.« Am Ende der Erzählung hält er allerdings um so mehr an ihnen fest.

Soziale Anpassung und zugleich Gewinn unmittelbaren Erlebens – mit dieser paradoxen Formel läßt sich der erste Teil der Erzählung zusammenfassen. Der Beginn des zweiten liefert einen ergänzenden Aspekt: Rönne macht sich im Zuge der Assimilation den Entwicklungsgedanken und den Wissenschaftsglauben seiner Zeit zu eigen. Daß die Geschichte Handlung »unter Vorwegnahme des Zieles«, also teleologisch determiniert sei, das »war gegeben«, ein unbezweifeltes Axiom. Daß die exakten Wissenschaften aus einer rätselhaften Umwelt einen überschaubaren Organisationszusammenhang machen, daß aus der Empirie, aus winzigen Details die großen Zusammenhänge abstrahierbar seien, daß Individualität wenigstens relativ in den Kardiogrammen einer mechanistischen Psychologie meßbar sei – »Dies alles gilt als ausgemacht, sagte sich Rönne.« Er fühlt sich dieser Entwicklung »verpflichtet«, wenn er sie auch negativ wertet. Seine aphoristisch zugespitzte Kritik am Fortschritt (»aus dem schlechten Atem der Asketen, aus ermatteten Geschlechtlichkeiten«) läßt sich fast wörtlich auf

Nietzsche zurückführen. Ja, er selbst entzieht sich einmal der wissenschaftlichen Verpflichtung:
»›Mohn, pralle Form des Sommers‹, rief er, ›Nabelhafter: Gruppierend Bauchiges, Dynamit des Dualismus: Hier steht der Farbenblinde, die Röte-Nacht. Ha, wie Du hinklirrst! Ins Feld gestürzt, Du Ausgezackter, Reiz-Felsen, ins Kraut geschwemmt, – und alle süßen Mittage, da mein Auge auf Dir schlief letzte stille Schlafe, treue Stunden – – An Deiner Narbe Blauschatten, an Deine Flatterglut gelehnt, gewärmt, getröstet, hingesunken an Deine Feuer: angeblüht!: nun dieser Mann –: auch Du! Auch Du! – – An meinen Randen spielend, in Sommersweite, all mein Gegenglück – und nun: wo bin ich nicht?‹«
In diesem ekstatischen Hymnus vor einem sommerlichen Mohnfeld tritt Rönne, der den »Du-Charakter des Grammatischen ausschalten« will, weil heute »die Anrede ... mythisch geworden« ist, in Beziehung zu einem, seine Identität wechselnden Du, in dem er schließlich selbst aufgeht. Der ganze Hymnus ist eine in Sprache umgesetzte, rauschhaft erlebte »participation mystique« (Lévy-Bruhl). C. G. Jung hat diesen Begriff, den Benn wiederholt in den Essays für seine Theorie von der halluzinatorischen Initialphase des schöpferischen Prozesses reklamiert, als eine »psychologische Verbundenheit mit dem Objekt« definiert. »Sie besteht darin, daß das Subjekt sich nicht klar vom Objekt unterscheiden kann, sondern mit diesem durch eine unmittelbare Beziehung, die man als partielle Identität bezeichnen kann, verbunden ist.« (Zitiert nach Wellershoff.) Diese für den Primitiven typische Erlebnisweise ist – so Benn – auch dem modernen Menschen im Rausch möglich. Pflanzliches Symbol dieses Zustandes ist der Mohn, für Rönne die Inkarnation des Sommers und des Glücks. Im Rausch wird das Ich auf einen vor-bewußten Zustand reduziert; es erlebt alles in Beziehung auf sich, die Umwelt ist ein Teil seiner selbst (»Nabelhafter. Gruppierend Bauchiges«). Der Rausch sprengt die dem modernen Ich auferlegte Dualität von Ich und Du (»Dynamit des Dualismus«).

Der Verlust der Sehfähigkeit ist für diesen Zustand ebenso typisch wie die rote Farbe der Visionen. In dem Gedicht mit dem sprechenden Titel *Regressiv* heißt es ähnlich:

Götter und Tiere – alles Faxen.
Schöpfer und Schieber, ich und du –
Bruch, Katafalk, von Muscheln wachsen
*die Augen zu.*

Nur manchmal dämmert's: in Gerüchen
vom Strand, *Korallenkolorit,*
in Spaltungen, in Niederbrüchen
hebst du der Nacht das schwere Lid:

am Horizont die Schleierfähre,
stygische Blüten, Schlaf und Mohn,
die Träne wühlt sich in die Meere –
dir: thalassale Regression.

Was im Gedicht »Spaltung« genannt wird, vollzieht sich auch in Rönnes Anruf. Sie erst ermöglicht die participation mystique. Der »Ausgezackte«, der »Reiz-Felsen«, löst sich ab vom Individuum. In der Anrede des Gehirnes (»Ha, wie Du hinklirrst ...«) artikuliert sich unmittelbar der Ich-Zerfall. Die Genitivmetapher »Deiner Narbe Blauschatten« qualifiziert mit der nun bereits bekannten farblichen Chiffre Rönnes Entrückung, wenngleich deren schöpferischer Impuls auch im Bild der Narbe mitklingt. Narbe ist nicht die Wundnarbe, sondern der Teil der Mohnblüte, auf dem die Bestäubung stattfindet, also die Befruchtung eingeleitet wird. Die botanische Funktion erhellt die poetische Aussage. Der Rausch öffnet den Weg in die Kunst und führt zugleich in eine Schattenwelt, in der die Individualität verlöscht:

Ach – Äonenvergessen!
Schlaf! aus mohnigem Feld,
aus den lethischen Essen
zieht ein Atem der Welt,
von acherontischen Zonen

orphisch apotheos
rauscht die Hymne der Drohnen:
Glücke des Namenlos.

Im Rausch zerfällt das Ich, es wird zur Drohne, seit der platonischen Staatsphilosophie und auch im antiken Kontext dieser Verse eine Bezeichnung des asozialen, d. h. gesellschaftlich funktionslosen Individuums. Die Reduktion des Ich hat also einen doppelten Aspekt. Das Ich entzieht sich in der Ekstase zwar der sozialen Normierung, gewinnt aber keine eigene Individualität. Rönnes zweimal gestellte rhetorische Frage »Wo bin ich nicht?« spiegelt diese Ambivalenz der Entindividualisierung: Er ist im Rausch so wenig »ich« wie in den »Ereignissen des täglichen Daseins«.
Rönne befindet sich auf der Insel in einer zwiespältigen Lage. In der Hymne vor »mohnigem Feld« spricht er von der »sommersweiten« Ferne des »Gegenglücks«, also des Bewußtseins; im wachen Zustand enthält die Begegnung mit einer Frau die »Gefahr« der Auflösung, so daß Rönne mit Formeln und Begriffen seinen »Frieden« verteidigt. In dieser Verfassung gerät er an die Besprechung eines neuen Buches. Es handelt sich um das von Benn selbst wiederholt empfohlene Werk Semi Meyers, *Probleme der Entwicklung des Geistes.* Bereits wenige Einzelheiten genügen, um Rönnes mühsam errungene und mittels »soziologischer Bestände« verteidigte Sicherheit wieder zu erschüttern: u. a. die der bislang herrschenden Lehrmeinung völlig konträre Auffassung von der Autonomie der Gefühle oder die den Darwinismus auf den Kopf stellende Anschauung eines sprunghaften Verlaufes der Entwicklung, und Rönne fragt: »... wußte dieser völlig unbekannte Mann die ganze Schwere seiner Behauptung?« Das auf Empirie gründende Denken der Naturwissenschaften, das Rönne akzeptiert hat, wird von Meyer wieder in Frage gestellt. Er spürt die Verlockung, die von Meyers Thesen ausgeht. Sie setzen gegen das »ganze Grauen bejahrter Wirklichkeiten« die absolute Freiheit der Intuition, also die Möglichkeit, sich schöp-

ferisch neue Wirklichkeiten zu schaffen. Meyers Buch weist den gleichen Weg, den schon der Rönne der *Gehirne* gegangen ist. In seiner fiktiven Rede *Das moderne Ich* (1920) betont Benn gerade diese Konsequenz des Buches:
»*Meyer* ... stellt die Entwicklung dar als das Prinzip, das nicht abläuft oder entfaltet, sondern auf den vorhandenen Grundlagen schöpferisch das Unberechenbare erbaut. ... Meine Herren, Sie haben die Zeiten nicht mehr erlebt, wo nach ewigen Gesetzen sich die Körper bewegten und die Energieformen wirkten, wo die Welt ein Ablauf war mechanischen oder energetischen Geschehens. Sie können es vielleicht nicht ganz ermessen, was für eine Erkenntnis von unermeßlichem Gefühl es ist, wenn ich Ihnen sage, Sie haben ein Schicksal, und das ruht ganz in Ihrer Hand.«
Rönne auf der Insel traut jedoch mehr den ewigen Gesetzen und den meßbaren physikalischen Abläufen. Er dringt in den Garten, ordnet die Büsche und mißt den Pfad. Er akzeptiert seine Epoche, die die Wirklichkeit bis ins Kleinste systematisiert, »und siehe, es blaute das Hyazinthenwesen unten Duftkurven reiner Formeln, einheitliche Geschlossenheiten, in den Gartenraum«.

Die letzte Novelle der Sammlung, *Der Geburtstag*, setzt einen Schlußstein. Rönne ist in der Lage, seinen Dienst im Krankenhaus, das nun sogar außerhalb der Stadt und jenseits gepflasterter Wege liegt, auszuüben. Zugleich erwirbt er jenes Schicksal, das in seiner Hand liegt, und damit sich selbst. Konformität nach außen und Abgrenzung nach innen, »etwas von Panzerung und Adlerflug«: In der Existenzform des Doppellebens überwindet nicht erst der Ptolemäer, sondern bereits Rönne die unerträgliche Spannung zwischen den Anforderungen der sozialen Realität und den Bedürfnissen des Ich. Ein Strom von Bildern beginnt zu fließen, »ein Wurf von Formen, ein Spiel in Fiebern«, zunächst nur zögernd, fast experimentell, dann mit einer gewissen Gesetzmäßigkeit. Die Kontinuität der Assoziationen bewirkt eine Dissoziation des Ich. Dieses Erlebnis erleichtert die

Haltung des Konformismus. Gefestigt betritt Rönne das Krankenhaus und überrascht die Gesellschaft der Herren mit kleinen Beiträgen »zum großen Aufbau des Wissens«. Die Anpassung, in den ersten Novellen nur mit Mühe erzwungen, wird zum disponiblen Spiel.

Aus sich selbst »erschafft« Rönne sein jeweiliges Gegenüber. Er setzt seine Patientinnen aus »Wesenheit« und »Eindrücken« neu zusammen. Zu einem dieser Geschöpfe tritt er sogar in eine intime Beziehung. Er versetzt diese imaginative Geliebte, die er Edmée nennt, in eine ägyptische Stadt, versieht sie mit Kostbarkeiten und zahllosen Dienerinnen und erlebt in einem Park die körperliche Vereinigung. Rönnes Geschöpfe sind artifizielle Produkte, zusammengefügt aus phantastischen Details. Er jongliert mit ihnen, deutet an oder reduziert auf eine Einzelheit, er transponiert in andere Länder und andere Zeiträume. Er ist souveräner Schöpfer. Als Rönne aber die Probe aufs Exempel machen, die einmal erlebte Möglichkeit der Selbsterlösung überprüfen will, mißlingt das Experiment zunächst. Was er hervorbringt, ist keine phantastische Traumlandschaft, sondern die öde Szenerie großstädtischen Elends. »Wo war sein Süden hin? ... Ponente, Küste des Niedergangs, silberblaue die Woge her!« Diese metaphorische Fügung, in der der logische Bezug aufgegeben ist, versucht sprachlich den Zustand, den Rönne herbeisehnt, zu antizipieren. Die Chiffre blau ist zwar verbalisiert, aber als Imperativ. Die Ponente wird als Stimulans beschworen, von ihm erhofft sich Rönne den Niedergang. Aber die Halluzination läßt sich nicht erzwingen. Auch mechanische und sexuelle Stimulantien haben nicht den erhofften Effekt. Erst eine Flöte, »zwischen den Hütten blau ein Lied«, liefert den auslösenden Impuls. »Groß glühte heran der Hafenkomplex.« Eine turbulente Folge von Bildern, simultan Vergangenheit und Gegenwart vermischend, entsteht: Die Welt eines Mittelmeerhafens, das Innere einer Taverne, deren Gäste Rönne wie seine Patientinnen neu zusammensetzt, und schließlich Venedig. Der Zerfall des Ich in der

Halluzination ist die Geburt eines neuen, das mit dem Ende des Rausches wieder vergeht, aber sich in seinen Bildern, in »Stein, Vers und Flötenlied« realisiert.
Es bleibt ein Widerspruch: Benn hat immer wieder betont, daß der schöpferische Prozeß nicht allein in ekstatischen Visionen bestehe, sondern daß diese der Formkraft eines konstruktiven Bewußtseins bedürften. Nun demonstrieren Rönnes bewußte, aber vergebliche Versuche, die Halluzinationen zu erzwingen, die Widersprüchlichkeit von Benns Äußerung. Rönne scheint ja gerade nur im unbewußten Zustand die Produktion seiner Bilder zu gelingen. Aber diese contradictio löst sich auf, wenn man sich vergegenwärtigt, daß sich der Geneseprozeß in Etappen vollzieht, deren letzte in der Novelle vom fertigen Produkt repräsentiert wird. Rönnes Bilderflut ist zweierlei: unbewußte Vision *und* ihre Realisierung durch Sprache.
Aus heterogenen Bestandteilen, aus einem »Pêlemêle von Stoffen und Aspekten« fügt Rönne seine phantastische Welt. Benn hat den sekundären Charakter dieses poetischen Rohmaterials nie verleugnet, alles aus »der Lektüre eines, nein zahlloser Bücher durcheinander«. Vielleicht könnte ein findiger Kommentator die Herkunft, den ursprünglichen Kontext von Rönnes reichem Schatz von Assoziationen bestimmen. Maler (vielleicht Slevogt oder Gauguin), Religions- und Kulturhistoriker (Rohde und Burckhardt) könnte man neben dem Konversationslexikon als immerhin mögliche Vorlagen reklamieren. Aber zum Verständnis des Textes trüge der Quellenkommentar nur wenig bei. An Rönnes Schöpfungen sind nicht ihre determinierten Einzelheiten von Bedeutung, schon eher der Prozeß der Entstehung. Entscheidend ist ihr Wert für Rönne selbst. Er macht die Erfahrung, daß neben einer kategorialen Wirklichkeit eine andere, sprachlich herstellbare Realität existiert. Das ist zwar nichts Neues; denn schon immer gibt es neben der objektiven Welt den Bereich, den die Phantasie gestaltet; und auch Dichtung konstituiert von jeher eine fiktive Wirklichkeit. Aber traditionelle Poesie bewahrt den Bezug zur

gegebenen Wirklichkeit, sie bezieht aus der Natur ihre Wahrheit. Rönne dagegen erschafft neu. Aus einer Patientin im gynäkologischen Untersuchungsstuhl wird die Geliebte eines Araberbeys, und aus der zufällig auf dem Gang des Krankenhauses erblickten Prostituierten erschafft Rönne eine fast aristokratische Ägypterin. Menschen werden neu zusammengesetzt. In seinem autobiographischen Rückblick nennt Benn dieses Verfahren »Montagekunst«. Der bisherige Mensch sei zu Ende; Familie, Schicksal, Entwicklung alles Unfug:

»Der Mensch stockt und arbeitet – der Künstler ist es, der weitermuß, sammelt, gruppiert ... aktuell neurotisch durch absolute transzendente Schwerpunktsbildungen, Fesselungen, Drehpunktskonstituierungen ... Der Mensch muß neu zusammengesetzt werden aus Redensarten, Sprichwörtern, sinnlosen Bezügen, aus Spitzfindigkeiten, breit basiert –: *Ein Mensch in Anführungsstrichen.* ... Nichts wird stofflich-psychologisch mehr verflochten, alles angeschlagen, nichts durchgeführt. ... Aber wenn der Mann danach ist, dann kann der erste Vers aus dem Kursbuch sein und der zweite eine Gesangbuchstrophe und der dritte ein Mikoschwitz und das Ganze ist doch ein Gedicht.«

Benn subsumiert diese Ausführungen unter dem Titel *Der Stil der Zukunft* und beschreibt doch den eigenen. Es ist ein Resümee des späten Benn, das auch den Stil des jungen erläutert. Es scheint die traditionelle Ästhetik völlig auf den Kopf zu stellen und führt sie doch nur konsequent weiter bis zum dialektischen Umschlag. Benn insistiert auf der klassischen Maxime, daß der Aussage die Mittel der Darstellung entsprechen müssen. Das hat für die Moderne zur Folge, daß das formlos gewordene Ich in der geformten Deformation eine neue, adäquate Gestalt findet. Was Benn im *Doppelleben* als »neu zusammensetzen« bezeichnet, nennt Rönne »erschaffen«. Die Bauelemente sind emanzipierte, aus dem überlieferten Bedeutungszusammenhang gelöste Sprachteile. Die Bauform ist die Montage, ihr Prinzip die Faszination und die Folge für den Dichter: »absolute transzendente Schwerpunktsbildungen, Fesselungen, Drehpunktskonstituierungen«. Das Wort des Dichters greift in die prästabilierte Harmonie der Sphären ein und setzt in einem magischen Vorgang einen neuen Mittelpunkt, um den sich die Welt dreht. Der Dichter schafft in der Fiktion neue Realität und transzendiert sich selbst:

Ein Wort, ein Satz –: aus Chiffren steigen
erkanntes Leben, jäher Sinn,
die Sonne steht, die Sphären schweigen
und alles ballt sich zu ihm hin.

Ein Wort – ein Glanz, ein Flug, ein Feuer,
ein Flammenwurf, ein Sternenstrich –
und wieder Dunkel, ungeheuer,
im leeren Raum um Welt und Ich.

Rönnes in Sprache umgesetzte Visionen und Benns poetologisches Bekenntnis spiegeln nichts anderes als eine auf dem Erlebnis des Realitätszerfalls gründende ästhetische Metaphysik. Es ist der fast religiöse Versuch, »produktiv das zu wahren und zu ersetzen, was an äußerer Welt tragisch und für immer verlorengegangen war«, schreibt Benn 1950 an Dieter Wellershoff: »Also eine Elevation durch das Wort, eine Sakramentation des Worts, ein Heiligungs- und Erlösungsphänomen mit Hilfe des dichterischen Worts – das ist Rönne.«

# Inhalt

# Literatur des Expressionismus

IN RECLAMS UNIVERSAL-BIBLIOTHEK

---

Ernst Barlach: *Der arme Vetter.* Drama. Nachw. von Walter Muschg. 109 S. UB 8218

Gottfried Benn: *Gehirne.* Novellen. Textkr. hrsg. von Jürgen Fackert. 85 S. UB 9750

*Die deutsche Literatur. Ein Abriß in Text und Darstellung.* Bd. 14: Expressionismus und Dadaismus. Hrsg. von Otto F. Best. 336 S. UB 9653

*Einakter und kleine Dramen des Expressionismus.* Hrsg. von Horst Denkler. 287 S. UB 8562

Carl Einstein: *Bebuquin.* Hrsg. von Erich Kleinschmidt. 87 S. UB 8057

*Fünfzig Gedichte des Expressionismus.* Hrsg. von Dietrich Bode. 72 S. UB 18181

*Gedichte des Expressionismus.* Hrsg. von Dietrich Bode. 261 S. UB 8726

Reinhard Goering: *Seeschlacht.* Tragödie. Nachw. von Otto F. Best. 77 S. UB 9357

Walter Hasenclever: *Der Sohn.* Ein Drama in fünf Akten. Nachw. von Georg-Michael Schulz. 136 S. UB 8978

Georg Heym: *Dichtungen* (Gedichte. Der fünfte Oktober. Eine Fratze. Der Wahnsinn des Herostrat. Aus den Tagebüchern und Traumaufzeichnungen). Ausw. und Nachw. von Walter Schmähling. 86 S. UB 8903

Georg Kaiser: *Von morgens bis mitternachts.* Stück in zwei Teilen. Fassung letzter Hand. Mit einem Nachw. hrsg. von Walther Huder. 87 S. UB 8937

*Prosa des Expressionismus.* Hrsg. von Fritz Martini. 319 S. UB 8379

Ernst Stadler: *Der Aufbruch* und andere Gedichte. 88 S. UB 8528

August Stramm: *Gedichte, Dramen, Prosa, Briefe.* Hrsg. von Jörg Drews. 242 S. UB 9929

*Theorie des Expressionismus.* Hrsg. von Otto F. Best. 296 S. UB 9817

Ernst Toller: *Masse Mensch.* Ein Stück aus der sozialen Revolution des 20. Jahrhunderts. Nachw. von Rosemarie Altenhofer. 77 S. UB 9944

Georg Trakl: *Werke · Entwürfe · Briefe.* Hrsg. von Hans-Georg Kemper und Frank Rainer Max. Nachw. und Bibliogr. von Hans-Georg Kemper. 367 S. UB 8251 – *Fünfzig Gedichte.* Ausw. Hans-Georg Kemper. 80 S. UB 18132

---

Philipp Reclam jun. Stuttgart

# Deutsche Dichter

Leben und Werk deutschsprachiger Autoren

Herausgegeben von
Gunter E. Grimm und Frank Rainer Max

---

Band 1: Mittelalter. 480 S. UB 8611

Band 2: Reformation, Renaissance und Barock. 471 S. UB 8612

Band 3: Aufklärung und Empfindsamkeit. 418 S. UB 8613

Band 4: Sturm und Drang, Klassik. 437 S. UB 8614

Band 5: Romantik, Biedermeier und Vormärz. 624 S. UB 8615

Band 6: Realismus, Naturalismus und Jugendstil. 495 S. UB 8616

Band 7: Vom Beginn bis zur Mitte des 20. Jahrhunderts. 572 S. UB 8617

Band 8: Gegenwart. 620 S. UB 8618

Das achtbändige, insgesamt über 4000 Seiten umfassende Werk *Deutsche Dichter* ist deutschsprachigen Autoren vom Mittelalter bis zur jüngeren Gegenwart gewidmet. Auf anschauliche Weise schreiben Fachleute in Beiträgen von 5 bis zu 50 Seiten Umfang über Leben und Werk von rund 300 bedeutenden Dichtern. Ein Porträt des Autors und bibliographische Hinweise ergänzen die einzelnen Darstellungen.

---

Philipp Reclam jun. Stuttgart